허공을 오르는 클라이머

정순영 시집

시와
사람

허공을 오르는 클라이머

2024년 12월 5일 인쇄
2024년 12월 10일 발행

지은이 성순영

펴낸이 강경호 편집장 강나루 디자인 정찬애
펴낸곳 도서출판 시와사람
등록 1994년 6월 10일 제 05-01-0155호
주소 광주시 동구 양림로119번길 21-1(학동)
전화 (062)224-5319   E-mail jcapoet@hanmail.net

ISBN 978-89-5665-752-3   03810

값 12,000원

＊잘못된 책은 구입하신 서점에서 바꾸어 드립니다.
＊지은이와의 협의로 인지를 붙이지 않습니다.

이 도서의 국립중앙도서관 출판예정도서목록(CIP)은
서지정보유통지원시스템 홈페이지(http://seoji.nl.go.kr)와
국가자료종합목록 구축시스템(http://kolis-net.nl.go.kr)에서
이용하실 수 있습니다.

ⓒ 정순영, 2024
이 책의 저작권은 저자에게 있습니다.
저작권에 의해 보호를 받는 저작물이므로
출판사와 저자의 허락 없이 무단 전재와 복제를 금합니다.

허공을 오르는 클라이머

■ 시인의 말

  담밑에 잔설이 희끗할 무렵 백 세 매실나무, 죽은 가지가 하늘을 밀어 올리고 밑동에 꽃 한 송이 피워 올린 마음을 때늦게 헤아려봅니다.

  일흔에 시작한 시 공부,
  늦었다,는 생각보다는
  지금부터라는 다짐으로

  마침내 늦깎이 시인이 되었습니다

  여든을 바라보는 문턱에서
  설렘 반 떨림 반,
  풋감보다 떫은 첫시집을 내놓습니다

이제 시작이라는 생각으로

단 한 사람이라도
가슴 젖을 수 있는 한 편의
시를 쓸 수 있기를,
그 날까지 쓰고 싶습니다

지도하여 주신 강만 선생님, 강대선 선생님, 김정희 선생님께 감사를 드립니다.
지켜보시고 응원하여 주신 시향낭동인과 다박솔회원님께도 감사드립니다.

2024. 11.
정순영 삼가 씀

허공을 오르는 클라이머 / 차례

시인의 말 · 6

제1부

16   꽃피는 소리를 스케치하다
17   세상은 Y
18   허공을 오르는 클라이머
19   모탕 아버지
20   바다는 투석 중이다
22   장맛비로 오시네
23   별의 눈물
24   이별은 야행성이다
26   얼음새꽃
28   나는 아직 사랑이 아니다
30   나무 시인
33   횡단보도
34   마당으로 스며드신 아버지
36   부재
38   밥상보
39   빗방울 외계인
40   푸른비 족장의 고인돌

팔월의 둥근 향연　42
둥근 식사　44

제2부

공주역 전봇대　46
부서지는 일　48
배롱나무 외숙모　49
눈동자 감옥　50
배롱나무꽃　52
망초 간이역　53
영산강 1　54
영산강 2　55
봄꽃대전의 전황 보고　56
도라지꽃 연서　58
힌여름의 정염　59
구름　60
회불사 가는 길　61
나의 타인　62
멈춤　64

65 영산강변 억새
66 금목서

제3부

68 쏟아지는 별빛 한 바작
70 별
72 한 톨의 꿈
74 등받이
75 혼밥
76 겨울나무
77 국립아시아문화전당
78 가슴에 별 하나
79 계절의 부고
80 우수雨水
81 집요에 관하여
82 닭 잡는 날
83 CCTV 사랑법
84 수평선
85 볼펜

시간은 늙지 않는다 86
신지해수욕장에서 88
잉걸불 타오르듯 90
입하立夏에 서서 92

제4부

돈오頓悟 94
숲 95
여기는 어디일까요 96
봄의 밀서 98
장구벌레의 꿈 99
꽃받침의 지문 100
노을 102
시파리 103
싸리비 104
하늘은 푹푹 찌고 105
리모컨 106
참깨가 운다 108
봉선화 109

110 　운주사에 가면
111 　뻐꾹나리 연서
112 　담쟁이
113 　지렁이
114 　술보다 달빛
115 　네비게이션

평설
116 　'그 푸른 문턱'에서 발견하는 '시' / 김종

허공을 오르는 클라이머

제1부

꽃피는 소리를 스케치하다

매화나무 아래,

끊어질 듯 이어지는 소리

웃음소리일 거란 예상은 빗나갔습니다

어미 닭을 따라가는 병아리들일까요

동그라미를 그리다가 그만, 둥글고 물렁한 엄마 얼굴을 그렸습니다

제 살을 찢고 나오는 아픔의 굵기는 얼마나 될까요

아릿한 눈물의 냄새를 스케치합니다

그리움이 들숨으로 스며듭니다

당신을

꽃 피는 소리를 스케치하고 있습니다

세상은 Y

생각이 나무를 자라게 한다
나무는 Y , Y는 Yes
햇볕이 목을 간지럽혀도
별빛이 허리를 감아도
바람이 입맞춤 해도
그래, 하면서 나무는 Y로 산다
긍정은 무슨 빛깔일까
달빛 무성할 때, 햇살 다정할 때면
나무의 생각은 하늘에 올라 뿌리를 내린다
하늘이 푸르게 나부낀다
문득 길 가던 사람이 나무 그늘에 들면 금방 푸른 빛에 젖는다
나무는 머리끝에서 발끝까지 Y,Y,Y,
내뿜는 날숨이 싱싱하다
들숨에 허공이 흔들린다
세상은 Y
가지가 푸르다

허공을 오르는 클라이머

아교같이 녹여낸 제 몸의 뼈로
곡선과 직선의 길을 이어 새로운 길을 낸다
여덟 개의 다리로 고정하고
별빛에 흔들리며 한 땀 한 땀 허공을 시침질한다
떨어졌다가 다시 오르며 허공으로 내는 길
그 길에 들어서면
저 너머, 우주가 보인다
가다 보면 길이 된다
딛는 곳이 길이 되고 삶이 된다
산다는 것은 누구도 걷지 않는 허공에 길을 내는 일
날마다 걷는 길
문득, 뒤를 돌아보며 생각한다
바르게 걷자고 하면서도
게걸음은 치지 않았는지
비뚤어진 삶을 살아오지는 않았는지
걸어온 길을 거울 삼아
오늘도 길 위에서 길을 간다
아직 한 번도 걷지 않은 인생길이 남아 있다
거미 한 마리
허공 위에 새로이 길을 낸다

모탕 아버지

빽빽한 도끼 자국이 삶의 내력이다

한 사람이 마당 외진 구석에 앉아 있다

비가 내리면
비에 젖고
눈이 내리면 눈 맞으며

떠나지도 못하고 피하지도 못하고
자리를 지키고 있다

두렵고 무섭고 뼈가 으스러져도 살아내야지요, 자식들 있는데 가긴 어디를 가남요.

깊은 주름이 눈물겨운 아버지

찍히고 찍혀 움푹 파인 가슴이

울 아버지 내력이다

바다는 투석 중이다

마른기침이
아침을 부른 그 시각
119에 실려 간다

피는 미세 플라스틱 세슘 스트론튬 중금속으로 오염되어 있고
위는 비닐과 폐타이어로 가득,
용종이 산호처럼 돋았다

언제부터 시작되었을까, 아무도 모르게
아주 천천히 망가지기 시작했으리

2023년 8월 24일,

후쿠시마 원전의 핵폐기물 방출에 바다가 암 3기에 들어섰다는 진단이다
바다는 암덩어리를 생명처럼 꼭 껴안고 있다

안전 불감증이 두꺼워지는 사이
중금속 중독증과 소화불량증이 깊어지는 사이

창백한 낮달보다 차가워진 바다의 숨소리가 들려온다

바다는 오늘도
모래톱으로 피를 뽑아 투석하며
철썩철썩
살아내고 있다

장맛비로 오시네

창문을 두드리시네

어서 일어나라고

무논에 일 나가자고 날 깨우시네

칠월이면 장맛비로 오시네

하루도 빠짐없이

물먹은 목소리로 다정히 날 부르시네

황급히 문 열고 나서면

대문 앞에 서 있는 자미화

축축하게 젖은 아버지

서 계시네

나를 부르며 서 계시네

별의 눈물

여드렛 동안 내리던
봄비 그친
다음 날 아침

낯선 외계의 눈이
유리창에 붙어
나를 뚫어지게 바라본다

무엇인가 하고 가까이 다가가니

지구별이 불안해서
밤마다 눈물 흘린다고

북극엔 곰이 사라지고
바다는 신열을 앓아누운 듯 뜨겁다고 말한다

말을 더 잇지 못하고
주르르
눈물을 흘리며
사라진다

이별은 야행성이다

별빛, 파고드는 창밖
눈꺼풀이 고요로 내려앉는다

심연 속으로
나를 유혹하는 몽환

아스름한 수평선, 가슴골을 지나가고 있다

머릿결에서
달고,
쓰고,
매운 하루의 냄새가 출렁이고
눈빛은 사막의 우물로 깊어진다

초승의 숨소리와 포옹하고 싶다

물비늘 같은 꿈이 윤슬처럼 반짝이면
새벽닭,
밤의 끝자락을 당기며
홰를 친다

〉
밤이 오듯 사랑은 오는 것

떠난 자리에서
여명이
음각으로 드리운다

얼음새꽃

바작바작,
별빛이 눈빛을 보내는 밤

삭풍은
가녀린 가지의 허리 흔들고
흰 눈은
꽃망울 위로
층층, 내려앉는다

차고 외로운 돌담길, 복수초가 눈을 뜬다

낮에 녹다
얼어붙은 고드름이
창처럼 드리운
얼음의
땅

노오란 숨결이 대지를 깨운다

겨울이 세운

견고한 고독의 벽을
송곳으로 뚫는
봄의
전령

겨울을 밀어 올리는 저 노란 힘!

심지 같은 꽃대 올려 노란 등불로 지상을 밝힌다

한 송이
노란 등불로 온
세상 구석이
환해진다

식당 일을 끝내고 돌아오던 누이가
 ㄱ 옆에 있아
호- 하고 입김 분다

나는 아직 사랑이 아니다

하얀 불티들이
창문을 열자
기다렸다는 듯이 달려온다

순식간에 내 가슴을 파고들더니 녹아내린다

너무 아픈 사랑이었을까

기다리던 햇볕에 녹아버리는 눈사람처럼
손바닥에 남은
눈물 한 톨

그때는 사랑이 눈물인 줄 몰랐으므로

멀리서 오는 사랑을
꽃으로만
바라보았으므로

나는 아직 사랑이 아니다

하얀 불티들이
눈물로
흘러내린다

나무 시인

나무는 생각으로
가지를 뻗는다

바람 불면 흔들리는 생각들

생각 위로 눈이 쌓이면
아래로
휘어지는 겸손

생각은
허공에서 얻은 깨달음을
뿌리로
내려보낸다

말랑말랑한 생각으로 나무는
겨울에
더 단단하게 자라고

생각의 뿌리는 더 깊어진다
〉

깊어진 나무는 시인의 마음

차가운 달빛에도
시를 낳는다

세상적인 것들을 다 놓아버린 겨울나무

미움 한 줌 없는 하얀
생각으로 흔들린다

욕심으로 무성했던
오뉴월의 눈으로는 보지 못했던 그늘을
빗살 같은 겨울의 햇살로 읽는다

계곡물 같이
맑은 시어가
봄빛처럼 올라오면

아침 이슬이
이제 막 태어난 시처럼

빛나고 있다

겨울나무 앞에서 나는
비로소 시인이다

횡단보도

얼룩말 한 마리 누워 있다

30초의 경보競步

파랑 신호등이 켜지자 얼룩말을 밟고 사람들이 지나간다

30초의 생을
너와 나는 지나고 있을까

누워 있는 얼룩말을 일어나 초원으로 달려간다

무지개 너머로 잡초가 무성한 꼬막껍질 같은 무덤 하나가 보인다

그 앞에 하얀 눈썹 같은 묘비

내 남은 생이라는 듯 신호등이 깜박인다

얼룩말이 눕는다

마당으로 스며드신 아버지

머루알 같은
아버지의 땀방울로
굵은 감이 익어간다

마당에 샛별 들어서면
복 들어왔다 하시며
삽자루 들고 나가시던 아버지

아버지가 감으로 스며드셨다

평상에 누워
감을 바라보면

송사리 잡으시던
아버지가
도랑도랑 흘러가신다

시조를 읊으시던 아버지처럼
달빛 서린 창에 앉아 감을 바라본다

이젠 내가
허리 굽은 아버지로
익어간다

주름이 늘어선 손바닥을 펼쳐보니
아버지가
강으로
흘러가신다

부재

여섯 시간 만에 고향 마을에 도착했다

사백 년 당산나무가 휘어진 등허리에 푸른 이끼 업고 있다

반가워 손을 얹으니

애들아, 밥 먹어라! 하시던 어머니 목소리

별은 높아 총총하고
항아리 물 넘치듯 달빛은 흐르는데
돌담 밑 귀뚜라미 구성진 가락 그대로인데

벌판의 메뚜기, 개천의 송사리, 뒷집 아기 울음소리

모두 어디로 갔을까

평상에 둘러앉아
다슬기, 송편 먹고 누워
하늘의 별 따먹던 기억이 화석처럼 단단한데
〉

어머니 안 계시는 추석, 고향은 공허로 낯설다

당산나무 아래에 서서
달빛에
울음 묻는다

밥상보

너에게 달라붙는 파리와 먼지를 더는 두고 볼 수 없을 때

내 마음이 사막이 되었을 때

네 괴로운 표정이 가슴을 후빌 때

위도와 경도를 긋듯 가로와 세로로 그어 우산이 된다

파리와 먼지들이 달라붙어도 나는 침묵으로 자리를 고수한다

저녁이 오고

누군가가 우리의 사랑을 갈라놓을 때까지

우리는 함께 뜨거운 밥상이었다

빗방울 외계인

비 온 뒤,

이 지상에 존재하지 않을
맑은 눈망울로
유리창에 붙은 외계인이 안을 바라보다가
나와 눈과 마주친다

너는 나에게 외계인
나는 너에게 외계인
너와 나는 우주의 시간을 건너 만나고 있는 것이다

너는 해를 만나면
날개가 돋아 네 고향으로 돌아가겠지, 생각하는데

눈물로 흐르는 너

나도 너처럼 흘러
초원도 되고 하늘도 되리

날개를 펴고
창공을 날아오르리

푸른비 족장의 고인돌

바위 속으로 들어간다

나뭇잎으로 아래를 가린 해맑은 얼굴들이 살았던 태고의 시간

나도 활 하나 메고 고라니 사냥에 나선다

'푸른 비'로 불리는 족장이 먹을 만큼만 잡으라고 명령한다

스물 남짓의 가족이 둥근 움집에 앉아 잡아 온 고라니 고기를 나눠 먹는다

입가에 걸린 초승달이 빛나고

소나기처럼 쏟아지는 별빛 사이로 풀벌레 소리 스며든다

꿈에 '푸른비' 족장의 혼령이 바위에 오른다

수천 년의 시간이 낙엽 되어 발밑으로 구르고

〉
선조들이 묻힌 바위는

'푸른 비' 족속을 지켜 온 수호신

당신의 후손인 나는

멀리서 달려오는 초원의 바람 소리를 듣는다

바위가 깨어난다

팔월의 둥근 향연

둥근 포도송이는 별들의 눈물

34도를 오르내리던 여름밤,

고요가 탑처럼 쌓인 갈맷빛 포도밭에 번쩍,

소낙비 내리듯 별들의 눈물이 쏟아져 내린다.

분봉한 벌집 같은 구球.

금방이라도 흘러내릴 듯 줄기에 둥글게 매달린다.

별빛이 강물로 흐르고,

멀리서 둥근 풍경소리 달려온다.

서로를 보듬어 안는 별들의 눈물, 둥글다.

꺄르르 웃는 아가처럼

부푼 열기에 부풀어 오른 눈망울이 초롱하다

폭염이 한창인 팔월의 백야, 향연이다

둥근 식사

개다리소반 위

상추 한 줌과
된장 한 종기,
잡곡밥 한 공기

소식하세요
아내가 둥글게 웃는다

어머니는 많이 먹어라, 둥글게 웃으셨는데…

소반 앞에서
둥근 숟가락을 들지 못하고

눈물만 한 공기

제2부

공주역 전봇대

나는 그 자리에 서 있었다

역전 시계탑은
상하로 두 팔을 뻗고
서녘 하늘 귓불이 붉게 젖는다

기차표를 손에 쥔 그녀가 어깨를 들썩인다

속눈썹이 흥건한 그녀
삼일장 지낸 듯
하얀 핀 머리에 꽂은 그녀

지난겨울 고향을 떠났던,
집에서는
공주라고 불렀던 그녀

플랫폼에 서 있던 그녀를 싣고
기차는
서울로 달려간다

하늘은 보랏빛
아스라이 멍울지고

소슬한 갈바람, 은행나무가 서걱댄다

나는 그 자리에 서 있었다

부서지는 일

파도는 제 몸 부수어 부활을 얻는다

바위에 발톱을 부딪쳐 새 발톱을 얻는 독수리처럼

파도는 비장한 품새로

전사처럼 장렬하게 부서진다

당신 앞에서 내 사랑도 부서진다

부서진 나는 푸른 새싹으로 돋아날 것이다

사랑이 약해지고 노쇠해질 때마다

나는 나를 부스러뜨려 새로이 사랑을 짓는다

배롱나무 외숙모

실한 고추 하나만 점지하여 주소서

마흔 가까이 아들이 없던 외숙모, 새벽닭 홰치는 소리 십 리 길

정화수 한 사발 부처처럼 우러르며 백 일을 기도했지

보름달은 환하건만 외숙모 마음은 조가비처럼 야위어 갔지.

무정한 삼신할미는 해가 가도 무소식,

고추밭 지나는 날이면 주렁주렁한 풋고추 보며.

아이고 내 새끼 아이고 내 새끼, 하며 눈물 훔쳤지.

언제부터였을까 외롭게 떠나간 외숙모

백일 기도하던 그 자리에 배롱나무 한 그루 자라났지

수천의 붉은 아기 꽃 주렁주렁 매달았지

눈동자 감옥

검포도빛 옹달샘이었지

단박에 빠져버리는
깊고 아득한
샘이었지

그것이 감옥이란 걸 그때는 왜 몰랐을까

한번 빠지면
헤쳐 나올 수 없는
핑크빛 감옥

그러나 알아도 어쩔 수 없었지

눈 마주친
그 순간
나는 빨려들어 갔으니
스스로 핑크빛 옥에 들었으니

나는 사랑의 무기수無期囚

〉
오늘도
별빛 서성이는 창가에 앉아
검포도빛
연서를 쓰는

나는 핑크빛 수인囚人

배롱나무꽃

수줍은 듯 고개 숙인

붉은 뺨 저 소녀

고양이 눈초리

매서운 칠월 밤

달빛이 그냥 갈까 봐

바람은 고요하다네

망초 간이역

침묵이 쌓여 있다
무궁화호나 화물열차 두어 번 지나갈 뿐

꿈에 부푼 가방을 들고
새벽을 열곤 했는데
이제는 썰물처럼 아련한 기적소리

하늘 모퉁이, 별빛에 젖어 흘러내린다

무성해서 외로운
역사 앞
하얀 망초들

바람이 간이역을 스치고 지나간다

달빛이 층층이 쌓인다

영산강 1

묵묵히 흐를 뿐, 말하지 않는다

할 말이 너무 많아 말을 안하는 것인지

무슨 말이라도 하면
그때는 참을 수 없는 울음이 되는 것인지

폭풍우 쏟아지면 피눈물을 흘릴 뿐

말하지 않는다

지속되는 가뭄엔 맑은 뱃속 드러내 보일 뿐

목포 앞바다에 이르러서야
잠긴 목을 풀고 철썩철썩 가슴을 치며

멍든 가슴 내보일 뿐

영산강 2

  사람이 좋아서

  사람 사는 마을을 돌아가는 강

  강보의 아이처럼 마을을 안아주고 나주 들녘 껴안으며 간다

  왕건의 호령, 임제의 시조, 신숙주의 글,
  알싸한 홍어향, 막걸리 같은

  뱃사공의 노래가
  강물 되어

  사람과 강이 하나로 흐른다

봄꽃대전의 전황 보고

전쟁은 끝나가는 중이다

개나리꽃은 전세 불리로 퇴각한 지 두어 달이고
진달래 군단과 벚꽃 군단은 다리 절뚝이며 뒷산 너머로 도망간 지 수십 일이다
현재 등나무 소수부대가 산기슭에 매복하여 게릴라전을 펼치고 있으나
시름시름 전의를 잃고 있다

전쟁이 끝난 자리에

소복이 단정한 찔레꽃과 아카시 연합군단이 진지를 구축하고
산화한 영혼들을 달래는 위령제를 지내며

우크라이나 전쟁에 죽어간 용사들의 명복도 함께 빌고 있다

한 줌 고요 속, 묵념

시나브로 5월을 건너는 산은
여름에게 고지를 넘기고

영원할 것 같은
핏빛 전쟁도 끝나가는 중이다

도라지꽃 연서

생각하니

꽃으로 피어나기 전, 그 순간이 행복이었습니다

기다림과 설렘으로 부풀어 오른 꽃망울처럼

이름만 불러줘도 터질 것 같은 봉긋한 가슴

생각하니

이것이 당신을 향한 나의 사랑이었습니다

그리움보다 한발 앞서 오는 눈물이었습니다

오늘 밤도 고독의 강을 그믐처럼 건널 것입니다

한여름의 정염

아지랑이는 태양의 혓바닥

팔월의 정오
4차선 도로에서

벌겋게 달아오른 사내의 눈빛이

오수에 빠진 검은 원피스의 여인 속으로 들어간다

씁, 씁, 혓바닥은 뜨거워지고
거뭇한 사타구니는 금방이라도 젖어 내리더니

물컹, 허물어진다

태양과 아스팔트의 정사

참을 수 없는 젊음의 에로스

한여름의 정염이 뜨겁게 달아오른다

구름

知者가 아니지만
한 틈도 쉬지 않고 세상을 읽는다
뒤처질까 봐, 안달하지도 않고
읽는 대로 흘러간다
그의 발걸음은
사람과 장소를 가리지 않는다
그런 그를 보고
누구는 공평하다고 하고
누구는 낯을 가리지 않는다고 하지만
사실 그는 한 번도
제 모습을 고체로 가진 적이 없다
제 모습을 가지지 않아
가지에 걸린 구름도 되고
달을 가린 구름도 되고
별을 품는 구름도 된다
그는 자신을 빗방울로 버려
세상에 온전히 쏟으로 스며든다

회불사 가는 길

산비둘기 한 마리 널브러져 있다

뒤집어보니
허기를 채우는 무량의 개미들

제 한 몸 내어주는 살신보시殺身布施

앙상한 뼈에
염화미소가 스친다

부처가
극락이
지금, 여기에 있구나!

나의 타인
- 속눈썹

눈에서 가장 가까운 오지奧地

거울 속,
눈동자와 마주쳤을 때
비로소 너를 보았다

먼 곳을 안다고 살아온 나는
앞에 있는 너를 알지 못했구나

너의 심연의 가슴 속 베일까지 나는 가본 적이 없다

나는 나를 모른다

어디에서 왔다가 어디로 가는지
그 길조차 알 수 없다

나는 나에게 타인이다

나는 나의 이방인

〉
세상의 변방에서 방황하는 시인

멈춤

길 가던 아이가
개미 앞에 멈춰 서 있다

또 한 아이가
흔들리는 코스모스 앞에 멈춰 선다

나는 너의 눈동자 속에 멈춰 서 있다

멈추는 시간만큼 생각은 골똘해지고
그리움은 짙푸르다

별처럼 반짝이고
마음은 파도처럼 출렁인다

우주보다 더 큰 네가
내 앞에 멈춰 서 있다

영산강변 억새

달빛 부시는 강변에 나가보니

갓 쓴 임제*와 옥비녀 꽂은 황진이*가 만나는데, 둥근 개다리소반에 막걸리 철철 넘치는 뚝배기 잔, 주거니 받거니 시조 읊는 소리에 가을밤이 하얗게 익어간다. 은빛 맑은 눈빛은 별처럼 초롱하고, 소슬한 바람은 강물 위에서 서걱인다. 밤별은 서쪽으로 기울고, 멀리서 홰치는 수탉 소리. 홀연히 두 선인 비단실 같은 줄을 타고 하늘에 오른다.

언제든 다시 만나리

억새꽃이 흐른다

*조선의 명문장가
*조선의 명기

금목서

한 번쯤, 화석 같은 시간의 아득함에 젖어볼 일이다

야윈 몸 별빛 밟으며 향기의 유혹에 빠져볼 일이다

불현듯 가슴 울렁거리면

여인의 가슴에 얼굴 묻어볼 일이다

한 세상 굴레를 벗고 몽환에 들어볼 일이다

무지개로, 별똥별로, 한 세상 살아볼 일이다

짙은 향기로 저문 가을에 물들어 볼 일이다

제3부

쏟아지는 별빛 한 바작

쏟아지는 별빛 한 바작
들쳐 메고
들길을 걷는다

산이거나 들이거나
돌이거나 사람이거나
구석이거나 평지이거나

치우침 없는 별빛

푸르러서 가볍다

푸른 나로 살아내고 싶다

파도에 휩쓸리지 않고
바람에 넘어지지 않는,

하늘 우러러 한 점 부끄럼 없는 나로 살고 싶다

구석구석을 비추고

환한 세상
지켜내는,

가슴과 가슴을 이어주는
별이고 싶다

별

잃어버린 유산처럼 먼 우주를 떠다니지

아이는 어디로 갔을까

창문에 기대어 지상으로 내려오는 별들을 바라봐

저 멈춤 없는 초롱

지상의 순한 풍경을 핥는 저 빛의 애무

골목에 웅크린 사랑이나

삶의 정글에서 밀려난 외딴 자리에도

부어지는 초롱의 물

바람도 바위도 강물도 별물이 들어 흐르지

휘파람을 불며 가는

어린아이 눈빛으로 밝아오는

빛나는 은총의 계단

한 톨의 꿈

나는 한 톨의 푸름을
푸름이라 부르지 못하는 세상에 살고 싶지 않아
밤마다 자갈밭에서 꿈을 꾼다.

메밀꽃 띤 별꽃으로 피어올라
푸름을 증언하는 나는
꿈 사원의 수도사

소담한 꽃송이를 피워낼 영혼으로
단단한 꿈을
방패로 세운다

무정한 묵정밭이 내 꿈을 밀어내고
가난이 마음의 곁가지를 잘라내도
밤마다 길을 내는 나는
한 톨의
푸른 겨자씨

상처라 말하지 않는다
상처의 자리에서 올라오는 푸름을 예언한다

〉
칼로도 불로도
자를 수도 태울 수도 없는 꿈으로
날마다 단단해지는 꽃

묵정밭의 침묵을 견딘다

한 톨의 꽃, 한 톨의 별로 피어나리
단단한 꿈으로
칼날을 부러뜨리는 나는, 정순영

등받이

사랑은 비스듬히 기우는 것일까요

살포시 등 기대면 말없이 안아주는 그대

앉은 듯 선 듯 비스듬한 당신의 기울기만큼 나는 아늑해집니다

태양은 푸른 숲을 향해 기울고 강물은 달빛에 기울어 흐릅니다

개나리 가지처럼 휘어져 피안으로 건너갈 우리

언젠가부터 당신을 향해 기울어버린 나는

한 그루의 기울기로 그늘을 드리우고 있습니다

혼밥

모래알이 씹힌다

넘어가는 한 톨의 물방울도
용틀임하듯 일어서고

먹어도 먹어도
허기진 가슴

밥보다 아릿한
당신의 품속

조각달은 창문을 두드리는데

눈물이 이토록 짤 줄이야

겨울나무

살이란 살을 바람에게 다 내어주고

눈보라 치는 벌판에

건조체로 누워 있는 생선뼈를 보았다

아득한 바다가 밀려왔다

국립아시아문화전당

저것은 고래

거대한 고래의 배 천장에
동여맨 X자 칼자국과
갈비뼈와 갈비뼈 사이에
총탄의 흔적
선연하다

공수부대 총소리가 지금도 아물지 않은 진물로 흐른다

고래의 동공은 하얀 페인트로 고요하고,
상처는 아직
딱지가 지지 않았건만

고래는
꼬리지느러미를 흔들어
나아간다

평화와 인권
민주와 통일로

가슴에 별 하나

피조차 맑은 새벽
문득 환히 밝아올 때

어둠 밝힌 샛별처럼
가슴에 박히는
별 하나

청명한 너의 눈빛

계절의 부고

롱 패딩을 파고든다
구부러진 손가락을 비비며
언 콧날을 세우며 은행에 들어선다
확, 달려드는 열기
온몸이 꽃처럼 피어난다
창구의 아가씨는 봄꽃 같은 블라우스 나풀거리고
까치처럼 앉아 있는 고객들
패딩을 벗어 던지고
더위 먹은 펭귄처럼 숨을 헐떡이고 있다
작은 우주 속의 계절, 겨울은 어디로 갔을까
때마침 TV에선 지구의 온난화로
북극의 얼음산이 녹아내리고,
섬이 잠기고,
곰이 죽어가고,
한반도에 명태 한 마리 잡히지 않는다고
쏙우와 폭실, 가뭄으로
지구가 신음하고 죽어간다는
이른 부고를 알린다
'지구를 살리자'는 특집 보도가
'지구가 죽었다'로 들려 가슴이 서늘하다

우수 雨水

빗방울에 하늘 생각이 담겼을까요

지퍼를 열면 새싹의 감정들이 튀어 오릅니다

한지에 먹물 번지듯 부풀어 오르는 감정

속살 젖은 땅이 가려운지 허공을 긁습니다

볕 바른 비알길에

홍매화 벙글어지는 소리

초록빛 대지 터지는 소리

집요에 관하여

친구와 잠을 잔다

바닥에 등을 대자마자
부릉부릉 불도저 땅 파는 소리를 낸다

나는 언제 저토록
삽질이라도 한 적 있었는가

닭 잡는 날

이승의 살을 발라내는
칼날이 시퍼렇다

삶의 에로스는 죽음보다 강하다

수탉의 눈빛
타오르는 저녁노을

CCTV 사랑법

나의 근무 시간은 24+24+...

너를 바라보는 게 일과야

야행성이며 음지 지향성이지

일탈과 탈선, 사고가 아니기를 빌지

나의 눈빛은 얼음처럼 차갑고 불처럼 뜨겁기도 해

오래 바라본다는 것은 사랑하는 일

너를 바라보는 일로 나는 더욱 깊어지고

나의 하루는 25시

수평선

저것은
연인의 입술

긴 침묵의 어머니

바라볼수록 깊어지고 짙어지는 눈빛

저것은 마음의 단전丹田

욕망과 겸손이 만나
일체를 이루는 곳

내 안에 들끓는 야성을 잠재우는 제단

저것은
세상에서 가장 단단하고 뜨거운

체위

볼펜

평소에는 말 없는 단단한 침묵이었으므로
면벽하는 고승이었으므로
흉금을 고백하는 십자가였으므로
내가 걸어온 발자국이었으므로
때론 갈망하는 목소리였으므로
시를 붙들고 자정을 건너는 연인이었으므로
새로운 길을 내는 개척자였으므로
새벽을 부르는 외침이었으므로
어둠 속에서 별 헤는 시인이었으므로

오늘도
내 가슴에
혼을 집어넣는다

시간은 늙지 않는다

안방의 오래된 액자 하나 벽에 걸려 있다

오일시장에 다녀오신 아버지는

텁텁한 목소리로 기침 한 번 하시고

해진 한복을 입으신 어머니는

팔목을 걷어 어린 내 콧물 닦아주신다

어머니 보고 싶어 방문을 열면

부엌에서 명태 손질하시던 어머니는 어디에도 없고

문을 열어도 놀라지 않는

어머니가 나를 지그시 바라볼 뿐이다

아버지 그리워 다시 액자를 바라보니

수호신처럼 거인이 우뚝 서 있다

그리움은 늙지 않는다

어제인 듯 아늑하고 따스하고 푸릇하다

신지해수욕장에서

오가는 파도에
누구 하나
뽐내는 놈 없이

자로 잰 듯
저울로 단 듯
거기에서 거기만큼

태풍과 해일이 몰아쳐도
서로 껴안고
거기에서 거기만큼

한여름 뙤약볕에도
서로 그늘 되어
거기에서 거기만큼

작고 작은 거기에서 거기만큼 해변을 만든다

별들도 거기서 거기만큼
우주도 거기서 거기만큼

〉
너와 나도 거기에서 거기만큼

서로를 보듬는다

잉걸불 타오르듯

내 사랑이 그래

붉은 물감으로도, 덧칠하고 덧칠해도 가릴 수 없는 사랑이 있어

하늘만큼이라는 말로도 땅만큼이라는 말로도

드러나고 마는 사랑

절대의 크기를 넘어선 크기가 있어

아름다운 풍경이라는 말로는 도달할 수 없는 사랑이 있어

완전한 이름으로도 부족한

완벽한 여명으로도 당신에게 가는 내 마음을 표현할 수 없어

이 세상의 모든 꽃망울이 벙글어도 부족한

〉
사랑이 있어

미치지 않고는 도달할 수 없는

사랑,

내 사랑이 그래

입하立夏에 서서

그만두고 나서야 알았다

농사란 솎아내는 일이었음을

알맞은 수를 남기고 나머지는 뽑아내야 한다는 것을

넘치도록 무수한, 내 안의

크고 작은 욕망을 솎아내 알맞게 앉히는 일이 농사라는 사실을

그만두고 나서야

시가 되고
삶이 익어간다는 것을

알았다

제4부

돈오頓悟

KTX가 광속으로 달려간다

머리끝이 곤두선다

오늘 아침에 툭, 동백꽃 진다

영원할 것이라는 믿음이 부서진다

광속 같은 삶의 낙화落花

만남, 이별 그리고

눈물

숲

홀로 고지를 지키는 병사처럼 한 칸은 외롭다

대나무도 칸을 잇대어 허공으로 오른다

울울창창鬱鬱蒼蒼 우거진 대나무 숲을 보아라

서로가 외로워 숲을 이루는 마음을 보아라

여기는 어디일까요

눈 밑이 검은 犬족이 컹컹댄다
누군가는 하얗다고 컹컹대고
누군가는 검다고 컹컹댄다

당장이라도 달려가 물어뜯을 듯
앞발을 세운다

날카로운 송곳니를 드러내고 으르렁댄다

주인인 국민 잘 모시고
집 잘 지키라고
상전처럼 모셨건만
제 잇속에 눈이 멀어 짖는다

민생 위한 법은 뒷전이고
서로 싸움을 위한 싸움으로 핏대를 세운다
갈기를 세우고 소란을 피운다

날마다 하얗다고
날마다 검다고 싸운다

〉
내 보기에는 그놈이 그놈이건만

봄의 밀서

지운다는 건 가슴에 음각으로 새기는 일이다

지운 자리에 별빛이 내리고
싹이 트고
꽃이 피고
마음의 꽃밭에 벌 나비 날고
새들이 노래하는
음각의 풍경

너의 이름이 꽃잎으로 전해 온다.

장구벌레의 꿈

← ↑ → ↓ ∩ ∩

누구는 음악가라 하고

또 누구는 행위 미술가라 하지만

나는

밤이 깊어지면

별들과 춤을 추는

시인

꽃받침의 지문

드러내지 않는다

따로 헤어지는 일로
나를 잊어버리기도 하고

이별이라는 말을
드러내지 않아서
보이지 않은 꽃잎과 꽃술

가장 낮은 곳에 자리한 사랑
바람 불면 흔들리고
달빛 고요하면
고개 숙이는 사랑

불빛도 물에 닿으면 물빛 지문을 찍는다

꽃잎도 꽃술도
떠나간 자리에서
기도로 순해지는 사랑

꽃받침의 향기,
그 사랑 곁에 가면
어머니 지문이
아름으로 찍혀 있다

노을

어머니가 열무김치 담그려고
확독에 갈던
청량고추 고춧물이
내 눈에
한 방울 튀었다

붉게 젖은 눈망울

시파리

자두꽃 흐드러진 과수원
벌 한 마리 보이질 않는다
농사 다 망쳤구나
돌아서는데

웽, 등피 푸른 똥파리 몰려와
이꽃 저꽃 화분을 나른다.
아, 저걸 무엇이라 불러야 하나
꽃파리?

나는 시인,
아직 벙글지 않은 시의 꽃봉오리를
이리저리 만지고
시의 화분을 나른다

그럼 나는
시파리?

싸리비

낙엽이며
깃털 자잘한
나뭇가지를 한 곳에 모은다

방금 피어난
꽃밭 같은 둥근 뜨락
쓸고 또 쓴다
어깨 들썩이고
엄지손가락 치켜세우며
콧노래 부른다
쓸어낸 자리마다 물결이 밀려온다

그날 밤,
웬일일까
마당 한켠에
훌쩍 작아진 싸리비 하나

하늘은 푹푹 찌고

하늘은 푹푹 찌고
배롱꽃
벙글어지는데

빈 우체통처럼 마음 허한 날

당신이 보고 싶다

바람처럼 감겨오는 당신

사랑하는 사람아
꽃잎 같은 글 하나 띄우렴

목을 세워
강을 건너는 물뱀처럼

여름밤이 길구나

리모컨

그것은 사랑의 배꼽

당신의 손과 내 배꼽이 하나로 맞닿을 때
당신은 별이 되고
나는 꽃이 되어
마침내 별꽃으로 만납니다

계곡물은 도란도란 강물로 흐르고
풀숲의 풀새들
부스스 일어나 푸른 노래 부릅니다

당신의 손을 내 배꼽에 얹어 주세요
바람은 뜨거워지고
햇살은 부드러워질 거예요

냉장고 문을 열고
전복 하나에 찹쌀 한 줌
다진 마늘과 참기름 한 수저로
당신께 전복죽을 끓여드릴게요
〉

사랑의 아리아가 울려 퍼집니다

배꼽을 눌러주세요

참깨가 운다

참깨를 턴다
잘 마른 참깨다발을 거꾸로 세워놓고
둥근 막대기로 두들긴다
내 것 내놓으라고
왜 훔쳤느냐고
가진 것 다 쏟을 때까지 내리진다
물구나무 세운 채 내리치는 세찬 몽둥이 소리
핏빛 신음이 질펀하다
얼마나 무서웠을까
모진 고문으로 죽어간
민주의 열사들
그 비명이 귓전을 맴돈다

봉선화

팔월은 폭염
장독대 한켠에서 불씨 품고 있다
바람은 습기
공회전으로 배회한다
홀로 남은 초가집
고요는 잉걸불같이 뜨겁고
인적 끊긴 이 적막을 너는 어찌 건너려 함일까
불씨가 삶의 불꽃
보는 이 없어도 삶을 피운다
꽃물 들이던 사랑은
추억으로 피었다가 지고
무너지는 흙담과
손때 묻은 장독대 항아리들
어깨 먼지 툭툭,
털어내며 사립문 들어서는
어머니
발목을 따라온 꽃물이
안방으로
이어졌다

운주사에 가면

풀밭에 누우면

와불

바위 밑에 들면

벽면수행

그림자도 가부좌를 틀면

참선

날아가는 까치는

불경

깨져나간 불탑 모서리

천 년을 깨우는

목탁

뻐꾹나리 연서

소리 없는 소란입니다
당신의 미소가 소란합니다
부드러운 눈빛도
소란합니다
생각만으로도 가슴 벅찬 당신
해와 바람 별도
소란합니다
꽃은 고요해
새소리에 가슴 벌렁거립니다
고백하건데,
나는 영원히 당신의 것입니다*
내 가슴이
온통
소란합니다

*뻐꾹나리의 꽃말

담쟁이

깎아 세운 듯한
돌벽 앞에 홀로 서 있다
살아내기 위해서
풀어야 할 생존의 방정식 같다

바람이 분다

흔들릴 뿐
넘어지지 않겠다
한 발 한 발
삶의 암벽을 타고 오른다

지렁이

길 걷다가

지렁이 한 마리 밟았다

아프고 서럽고 뒤틀린 내 모습 같아서
그 자리에 풀썩, 주저앉고 말았다

누구에게 하소연할 힘조차 없어

눈물만 하염없다.

술보다 달빛

두 손으로 엮은
손 바가지로
철철 넘치는 달빛을
마시고 또 마신다

하늘과 땅에 가득한 풍요로움
술보다 달빛에
취하고 또 취한다

메뚜기 잡던
유년의 꿈을 꾼다

젖고 스며들어
깊어가는 한가위

네비게이션

유턴하세요
전방 100m 앞에서 좌회전하세요
앞에 과속방지턱이 있어요

마누라처럼 연신 종알댄다

액셀을 지그시 밟자
과속이에요, 학교 앞이에요
교통순경인 듯
핏발 세운다

나이 늙어 말 많아진 마누라
남편 닦달하며
신바람 났다

평설

'그 푸른 문턱'에서 발견하는 '시'
-"눈물의 냄새"와 "꽃 피는 소리"를 위하여

김 종
(시인, 화가)

　언어적 조건에서 시인은 행복한 관찰자다. 시인은 관찰된 사물들을 언어라는 소쿠리에 담아서 목표 삼은 감동을 독자에게 노래의 형식으로 제공하는 사람이다. 시인의 눈길이 닿는 곳은 언어도 생각도 푸른 서정으로 이내 몸을 바꾼다. 그런 의미에서 시인은 사물을 끌어들여 언어를 통한 마법의 권능을 행사하는 자이다. 시인의 언어에 오르면 사물은 지금까지의 모습을 새롭고도 특이하게 드러내며 시의 대기권에서 또 다른 세상으로 나아가게 된다.

　정순영 시인은 사물에의 눈빛과 표정을 모아 구름 위에서 군무하듯 시의 시간을 즐기고 있다. 그러나 그 시간은 정순영 시인에게는 더없이 간절한 천석고황의 시간이기도 할 것이다. 시인이 세월을 뗏목 삼아 과거를 흘러가다보면 거기에는 여전히 줄지 않는 그리움과 기다림의 시간이 숨 쉬고 있다. 정순영 시인의 머리 위에도 그리움과 기다림의 시간이 월계관처럼 올려져서 노래된 것이리라. 이럴 때면 정순영 시인을 포함한 뭇 시인에게 그리움이란 에너지가 없었다면 이날껏 줄지 않는 시적 서정이 어찌 존재했을까를 생각하게 되고 그리움을 곡조 삼아 시인은 더없이 행복한 노래를 부르게 된다. 퍼내도 퍼내도 줄지 않는 그리움, 마셔도 마셔도 다하지 않는 그리움, 이 같은 것을 일용할 양식 삼아 정순영 시인이 찾아간 기다림의 끝자리에는 과연 어떤 그리움이 숨 쉬고 있을까.

'시의 푸른 문턱'에서 1일 1작을 즐기는 시인, 나이 70에 등단한 늦깎이 시인, 그럼에도 누군가를 위해 가슴 시리게 젖을 수 있는 뜨거운 한 편의 시가 소망인 시인, 이 사람이 바로 이 자리의 주인공 정순영(1949~) 시인의 초상이다. 이 많은 세월을 일기를 쓰듯 하루 여덟 시간 이상을 독서하고 시를 창작하면서 책장을 넘기듯 하루를 마무리하는 그의 일상에 경의를 표한다. '나이 70'은 성인 공자의 시대에는 바라보기도 힘겹던 '고래희古來稀'라는 나이였고 공자 자신도 거기에서 3년을 더 살았을 뿐이다.

1일 1작으로 '시의 푸른 문턱'을 넘으며

공자 낭대의 평균수명이 30-35살인 것을 감안하면 성인의 말씀에 새삼 공감하는 바가 크고 공자 또한 엄청 장수하셨다고 하겠다. 사람에 따라 다르다고는 하지만 이 나이는 정순영 시인에겐 작품 창작을 시작하는 초입의 나이에 불과하다. 다시금 반복하지만 그가 시단에 소개되고 가꾸기 시작한 시인에의 꿈은 1일 1작으로 '시의 푸른 문턱'을 넘나드는 일이었고 이것이 그가 요량한 하루 일과의 고지였다. 그러면서 욕심을 하나 더 보탠 것이 "누군가를 위해 가슴 시리게 젖을 수 있는 한 편의 뜨거운 시"에의 소망이었던 것이다. 누구든 인생 후반기를 앞두고는 무엇을 어떻게 할 것인가를 고민하게 되는데 정순영 시인이 우리에게 밝힌 포부는 당차면서도 싱싱하기 이를 데 없다.

이력 상의 정순영 시인은 조선대학교와 인천대학교 등의 교육대학원에서 '교육방법론'과 '교육행정론'을 전공한 교육자이다. 그 분야에서 그는 인천광역시교육청장학관과 초등교장 등을 역임하였고 그로 하여 경기·인천사도대상과 황조근정훈장 등을 수상한 분이다. 그러던 그가 문학 분야에다 몸을 던져 인생후반기를 어찌 하면 의미있게 놀아볼까를 요량(?)하면서 《시와사람》에서 시, 《시조시학》에서 시조로 소개를 받아 우뚝한 시인이 되기 위해 불철주야 노력을 투입하고 있다.

더러 인용하는 말이지만 미국의 시인 사뮤엘 울만이 자신의 시「청춘」에서 "청춘은 인생의 어느 시기를 말하는 것이 아니고 마음의 상태를 말한다고 노래한다. 그러면서 "세월은 우리들의 이마에 주름살을 만들지만 열정의 마음을 시들게 하지는 못한다."라는 시구를 고스란히 정순영 시인에게 돌려드리고 싶다. 이제 우리는 그의 시적 포부인 '시의 푸른 문턱'에서 그가 펼쳐낸 시적 오지랑이 얼마나 볼만한가를 독서할 차례다. 정말이지 그의 작품들 하나하나의 표정과 눈빛과 언어적 감도가 얼마나 정순영 다운가를 살펴야겠다는 것이다. 그래서일까. 그가 펼친 시작품들은 첫눈에 든 작품부터가 언어의 '푸른 문턱'을 넘나드는 바람일 수도 있고 파도일 수도 있고 아침 저녁으로 뜨고 지는 '일월日月'일 수도 있겠다는 생각이다.

여기에 무슨 췌언贅言이 필요할 것인가. 우리네 속담에 '될성부른 나무는 떡잎부터'라고 했는데 정순영 시인은 자연 연령은 '고래희'지만 그가 시단에 던진 작품들의 야심은 연둣빛 '떡잎'이 연상되는 새파란 미래를 예고하고 있다. 그래서 그가 우리에게 보여준 언어적 표정과 눈빛에 바짝 긴장하면서 의자를 끌어당겼고 유의하여 컴퓨터 자판을 두드리고 있다. 우리는 그만큼 독자를 향한 그의 다부진 시적 포부로 세상 사물의 구석구석을 뒤지면서 늘품 있는 대화를 어떻게 시작하는 지를 들여다보고 있다. 무엇을 볼까. 어디에 리듬을 올릴까. 편 편의 자리마다 무슨 말을 들려줄까. 생각해 보면 시작품을 포함한 이 지상의 문학은 편 편을 넘길 때마다 독자에게 어떤 이야기를 만나게 할까에 관심을 가진 사람은 이미 본격문학에 진입했다고 볼 수 있다.

세상의 사물 모두가 시인의 시적 소재이고 관심거리인 것을 감안하면 추상적인 사물 하나에도 시인의 눈길은 자별하기가 이를 데 없다. 정순영 시인은 자신만의 언어로 상상을 통한 사물의 감각화를 도모하고 독자적 의미를 담아내는 데까지 강물 같은 눈길을 이어가고 있다.

> 매화나무 아래,
>
> 끊어질 듯 이어지는 소리
>
> 웃음소리일 거란 예상은 빗나갔습니다
>
> 어미 닭을 따리기는 병아리들일까요
>
> 동그라미를 그리다가 그만, 둥글고 물렁한 엄마 얼굴을 그렸습니다
>
> 제 살을 찢고 나오는 아픔의 굵기는 얼마나 될까요
>
> 아릿한 눈물의 냄새를 스케치합니다
>
> 그리움이 들숨으로 스며듭니다
>
> 당신을
>
> 꽃 피는 소리를 스케치하고 있습니다
> ―「꽃피는 소리를 스케치하다」

매화나무 아래서 끊어질 듯 이어지는 소리를 듣는 화자는 그 소리의 내력을 "그리움이 들숨으로 스며"드는 일

이라 생각하고 '꽃 피는 소리'와 '당신'을 스케치하는 중이라고 했다. 화자가 꽃피는 소리를 스케치하기까지는 웃음소리일 거라는 짐작도 해봤지만 빗나갔었고 어미 닭을 따라가는 병아리가 아닐까에 이르렀지만 그 역시도 빗나갔다는 것으로 독자의 예상을 여지없이 비틀어버리는 것이다.

여기까지만 가지고도 정순영 시인의 시적 재치가 예사롭지 않다는 것을 감 잡게 된다. 들리는 소리가 혹시 동그란 것은 아닐까도 생각했으나 '그만' '둥글고 물렁한 엄마 얼굴만을 그'리고 말았다는 거였다. 화자는 엄마가 '나를' 낳을 때를 생각한다. "살을 찢고" 분만할 때의 아픔이 얼마나 굵었던가를 생각한 화자의 이야기는 더 이어지면서 눈물의 아릿한 냄새를 스케치하고 스미듯이 그리움을 들이키는 쪽으로 물 흐르고 있다. 여기까지에 이르러 '생각'의 미세하고도 미묘한 부분까지를 독자의 예상 밖으로 되돌리는 그의 시적 순발력 또한 돋보인다고 하겠다. 상상력이 뛰어난 사람은 다른 사람들이 보지 못한 부분을 천연덕스럽게 끌어내어 자신의 어법대로 상 차려내는 비밀함이 있어야 하고 그런 의미에서 꽃피는 소리를 스케치한 정순영 시인은 자신을 엄위 하는 주변의 사물들과 사소한 표정 하나까지도 새롭고도 특이하게 끌어내는 언어적 명민함을 아무 일 없었다는 듯 펼쳐내고 있다.

"나무의 생각은 하늘에 뿌리를 내린다"

 작품에서 말하는 '꽃피는 소리'란 기실 현실에서는 들을 수 없는, 화자 마음에만 존재하는 한 줄기 바람 같은 느낌일 것이다. 일상에선 그저 그러려니 한 사소한 것들도 이들이 보인 사물적 현상들이 심봉사의 안맹을 틔울 만큼의 언어적 사실이자 묘미를 만들어간다는 의미이다. 꽃피는 소리에 걸어 웃음소리와 어미닭 따라다니는 병아리를 견인하여 무심코 그리던 동그라미에서 어머니의 둥글고 물렁한 얼굴을 그리고 말았다는 센스도 이 작품의 표정을 입체화 시키는데 상당한 효과를 만들어내고 있다.
 무심코 떠올린 엄마의 얼굴에서 살을 찢고 자식을 꺼낼 때의 아픔의 굵기를 생각하는 화자가 시작품에서 독자에게 보여줄 수 있는 언어적 수완이자 오지랖이 이쯤이라면 대단하다는 생각 또한 감출 수 없다. 이나저나 시인은 꽃피는 소리로 하여 '그리움의 들숨'을 스케치하게 되고 그 결과 어머니 '당신'을 소환하였던 것이다.

> 생각이 나무를 자라게 한다
> 나무는 Y, Y는 Yes
> 햇빛이 목을 간지럽혀도
> 별빛이 허리를 감아도
> 바람이 입맞춤해도
> 그래, 하면서 나무는 Y로 산다
> 긍정은 무슨 빛깔일까

달빛 무성할 때, 햇살 다정할 때면
나무의 생각은 하늘에 올라 뿌리를 내린다
하늘이 푸르게 나부낀다
문득 길 가던 사람이 나무 그늘에 들면 금방 푸른 빛에 젖는다
나무는 머리끝에서 발끝까지 Y,Y,Y,
내뿜는 날숨이 싱싱하다
들숨에 허공이 흔들린다
세상은 Y
가지가 푸르다

─「세상은 Y」

「세상은 Y」라 하고 하늘 향한 나무가 Y자로 팔 벌린 모습에서 위의 작품이 시작되고 있다. 나무가 자라는 모습은 햇빛과 별빛과 바람을 한 묶음으로 다듬어내는 일에 다름 아니지만 화자는 이를 예사롭게 여기지 않았던 것이다. 거기에서 시인이 문득 궁금해 한 것, '긍정'의 빛깔이 무엇일까를 생각한 부분이 그것이다. 거기에다 무성한 달빛과 다정한 햇살이 나무에 닿아 "나무의 생각은 하늘에 올라 뿌리를 내린다"고 한 상상은 그 자체로도 장히 아름답다.

이날 평생을 나무는 땅을 바탕 삼아 뿌리를 내리고 성장을 거듭해 왔다. 그러던 것이 하늘에 올라 푸르게 나부끼게 되었음인데 그러나 작품의 진행으로 보아 이쯤에서 그칠 상상이 아니라는 것이다. 좀 더 멀리 나아가서 길 가

던 사람이 나무의 그늘에 들자 '금방 푸른빛에 젖는다'고 한 것이 그것이다. 이 또한 부드러우면서도 아름다운 상상의 영역이며 이 같은 시구들을 읽어가노라면 우리가 가진 평소의 생각이 얼마나 굳었던가를 실감할 수 있다. 생각이 풀려서 그간에 소유하지 못한 생각들을 자신의 생각으로 재창조해가는 것만큼이나 아름다운 일이 또 있을까. 다시금 그 나무로 돌아와서 '머리에서 발끝까지 Y,Y,Y'라며 "내뿜는 날숨이 얼마나 싱싱한가"는 되풀이 읽어도 단연 압권이다.

시 창작에서는 최초적인 현상을 독창적으로 발언하고 표현하는 일이 대단한 덕목 중에 하나라는 사실을 왕왕 이 경험하는 터이다. 작품 「세상은 Y」에는 "생각이 나무를 자라게 한다"로 시작했었고 이것이 바로 작품을 끌어가는 전제前提적 화두인 셈이다. 그러면서 시적 사실들을 하나씩 풀어서 보여주면 "나무는 Y, Y는 Yes". 여기에서 하나는 나무가 보여주는 형태적 Y이고 다른 하나는 그 의미를 연결한 Yes에의 Y라 하겠다.

생각이 나무를 자라게 한다더니 나무의 형태와 의미를 이리 명료하게 들춰내면서 다시금 사물의 현상으로 되돌리고 있다. 그것이 바로 "햇빛이 목을 간지럽혀도/별빛이 허리를 감아도/바람이 입맞춤해도/그래, 하면서 나무는 Y로 산다"고 했다. 이처럼 계속해서 발견해가는 사물들의 이음 현상이 하나의 집단을 이루는 것 또한 시 작품이 갖추어야 할 크나큰 매력이고 덕목임은 물론이다. 이 같은 발견 없이 어찌 문학이 세상을 새롭고 특이하게 문 열어갈 수 있다하겠는가.

「세상은 Y」라고 노래했지만 그 실마리는 나무에서 시작했었다. 그리고 그 이후의 이야기는 세상은 Y인데 그 가지가 푸르다고 한 마무리가 더더욱 푸르다고 하겠다.

> 아교같이 녹여낸 제 몸의 뼈로
> 곡선과 직선의 길을 이어 새로운 길을 낸다
> 여덟 개의 다리로 고정하고
> 별빛에 흔들리며 한 땀 한 땀 허공을 시침질한다
> 떨어졌다가 다시 오르며 허공으로 내는 길
> 그 길에 들어서면
> 저 너머, 우주가 보인다
> 가다 보면 길이 된다
> 딛는 곳이 길이 되고 삶이 된다
> 산다는 것은 누구도 걷지 않는 허공에 길을 내는 일
> 날마다 걷는 길
> 문득, 뒤를 돌아보며 생각한다
> 바르게 걷자고 하면서도
> 게걸음은 치지 않았는지
> 비뚤어진 삶을 살아오지는 않았는지
> 길어온 길을 기올 삼아
> 오늘도 길 위에서 길을 간다
> 아직 한 번도 걷지 않은 인생길이 남아 있다
> 거미 한 마리
> 허공 위에 새로이 길을 낸다
> ―「허공 오르는 클라이머」

어디선가 '인간'을 일러 "최초로 길을 낸 존재"라는 문구를 읽은 일이 있다. 평범한 말 같으면서도 발길을 멈춘 채 한 번쯤의 심호흡을 반추하게 한 말이었다. 작품「허공 오르는 클라이머」에서도 예의 그 '길'이 노래되고 있다. 어디까지나 상상이지만 허공 오르는 클라이머는 현실에서는 영원히 존재할 수 없는 하나의 공상적 사물일 뿐이다. 그러나 이 같은 공상에 의한 존재적 상상이 어찌하여 아름다운가는 이 작품의 열린 품을 읽어가면서 느낄 것이다.

흔들리는 별빛에 허공을 시침질하다

"여덟 개의 다리로 고정하고/별빛에 흔들리며 한 땀 한 땀 허공을 시침질"하는 클라이머를 두고 "아교 같이 녹여 낸 제 몸의 뼈로/직선과 곡선의 길을 이어 새로운 길을" 내는 인생길의 개척자에 비유한 '거미'의 이야기를 작품에서 지금 우리가 읽고 있다. 오르는 존재에게는 떨어지는 일도 있었을 터, 허공에 길을 내자면 불가능을 넘어서는 일에 진배없겠고 그 일이 얼마나 어려울까는 생각하고 말 것이 없겠다. 허공에 길을 내며 오르는 곳에는 무한의 '우주가 보이고' 그 곳을 오르다보면 그 또한 길이 되는 것을 이내 알아가게 된다,

그리하여 "딛는 곳이 길이 되고 삶이 되"는 이치에 도달하면서 우리는 이 작품에서 새삼 세상 살아가는 경륜과 정신을 배우게 된다. 문학은 그 자체로는 훈육의 직접

적인 도구는 아니다. 하나의 작품을 자연스럽게 독서하는 과정에서 복사열처럼 깨달음이 번져오고 그를 통한 깨우침이 그 어떤 것보다 임팩트가 강하다는 걸 저절로 알아가게 된다. 언젠가 우리의 미래의 시간을 단 1초만 내다볼 수 있어도 그에 따른 수많은 사고를 미연에 막을 수 있겠다고 말한 적이 있다. 요컨대 '산다는 것'에서 말하는 미래 시간의 불투명성은 어느 누구에게도 동일한 세계일 뿐이다.

위의 작품을 독서하면서 우리는 종종 시를 쓰는 일이 허공에 길을 내는 클라이머의 노역에 맞먹는 일은 아닐까를 생각하곤 한다. '길'은 누구에게나 동일 조건으로 놓인 소통의 한 형식이지만 그럼에도 한결같은 것만은 아니다. 작품에서 보여준 '길'은 뒤를 돌아보면서까지 바르게 걷자고 하면서도 '게걸음은 걷지 않았는지/비뚫어진 삶은 살아오지 않았는지'를 살피고 또 살피면서 오늘도 길을 가는 인생의 행로야말로 '돈오'처럼 허공 위에 길을 내고 가는 '거미 한 마리'의 발견일지 모른다.

클라이머가 허공에 오르는 것은 불가능을 넘어서기 위한 특단의 능력이다. 그러나 이 작품은 상상을 통해서 현실적으로 우리가 어찌 살아야할 것인가를 굽이굽이 보여주면서 넌지시 그 방법을 제시하는 친절함에 접해 있다. '은하철도 구구구'를 처음 대하면서는 우리에게도 언제 저리 허공에 철도를 깔고 구구구 열차가 달리는 날이 올까를 독백처럼 중얼거리기도 했었다. 드높은 곳까지 넝쿨

식물이 오르는 것을 보면서도 우리는 그때마다 '백척간두진일보'를 생각하곤 한다. 이 말은 "백자나 되는 높은 장대 위에서 또 한 걸음을 더 나아간다"는 뜻으로 이미 할 수 있는 일을 마친 다음 또 한 걸음을 더 나아가 불가능을 넘기 위해 더더욱 분발하고 노력하자는 말인 것이다.

여기에다 다시 '경更'자를 하나 더 삽입하면 백자나 되는 높은 간짓대 꼭지머리에서 한 걸음을 내딛는 결단을 실천하지 않고서는 극한상황은 돌파할 수 없음을 의미하기도 하였다.

여드레 동안 내리던
봄비 그친
다음 날 아침

낯선 외계의 눈이
유리창에 붙어
나를 뚫어지게 바라본다

무엇인가 하고 가까이 다가가니

지구별이 불안해서
밤마다 눈물 흘린다고

북극엔 곰이 사라지고
바다는 신열을 앓아누운 듯 뜨겁다고 말한다

말을 더 잇지 못하고
주르르
눈물을 흘리며
사라진다

-「별의 눈물」

별이 흘린 눈물은 어떤 걸 이르는 말일까. 이 작품에 대한 궁금증은 여기서 시작되고 있다. 별을 '외계의 눈'으로 표현한 「별의 눈물」에서 "여드레 동안 내리던/봄비"가 그치고 그 다음날 아침, 유리창에 붙은 낯선 외계의 눈이 '화자를 뚫어지게 바라'보았다고 했다. 궁금한 김에 다가갔더니 '지구별이 불안'하다고 여긴 외계의 눈은 그 때문에 "밤마다 눈물 흘리고"있다는 것이다.

그런가 하면 북극에서는 곰이 사라지고 바다는 신열을 앓아누운 듯 뜨겁다고 말하며 지구를 걱정하는 '외계의 눈'은 주르르 눈물을 흘리며 더 이상 말을 잇지 못하고 사라진다는 대목에서 이것 이대로 가다가는 정말 큰일 나는 것 아닌가 하는 마음이 든다. 별이 창유리에 붙어서 시인인 화자를 뚫어지게 바라보며 걱정한 지구는 이미 불안한 여러 조짐을 보이며 쓰나미 같은 대재앙을 여러 곳에서 예고하고 있다. 미래학자들은 지구의 앞날에 대해 갖가지 진단을 내놓고 있지만 그 내용들이 하도나 엄청난지라 지금의 시점에서 그나마의 처방이 가능할까가 자못 걱정스러운 것이다. 짚어본 대목마다, 뒤적인 것들마다 온전한 것은 하나도 없고 만나는 사람마다 걱정은 태산 같으면서도 그에 대한 방책에는 손 놓고 있는 실정이다. 설마한들 무슨 일이 있겠냐가 손 놓고 있는 자들이 보인 생각의 전부인데 현실은 그것이 아니라는 데에 문제가 있다.

정말로 시인이 말한 대로 바다가 앓아누운 듯 신열로 뜨겁다면 거기에는 그만한 이유가 있었을 것이다. 그리고 생태계가 바뀌고 어획고가 달라지고 그토록 팔팔하던 물고기들이 떼죽음으로 떠오른 그 시점의 일로 미구에 닥칠 절박한 일을 걱정하고 있다. 시인은 바로 이 같은 것들을 사람세상을 향하여 발언하면서 지적하는 일들이 무심상 지나칠 수 없다는 것이다.

'눈물 주르르' 말을 잇지 못한 별이

사람들은 시인을 두고 현실에서 보통사람과는 다른 '외계인'처럼 생각하는 경우가 있다. 시인이 맑은 하늘을 보고 큰 비가 몰려온다고 소리소리 질렀다면 사람들은 그를 두고 날궂이 한다며 곱지 않은 눈으로 바라볼 것이다. 그런데 시간이 지나면 정말로 소리소리 지르며 불안해했던 시인의 말이 현실로 나타나는 것을 자주 목격하게 된다. 일종의 경고성 소리 지르기랄까. 이처럼 엄연한 일들이 시인들의 경고성 발언에도 불구하고 아무런 관심도 받지 못하고 그대로 묻히고 있다는 것이다.

이제 더 이상은 별이 말을 잇지 못하고 주르르 눈물이나 흘리는 일이 없도록, 별의 눈물을 보는 일이 더는 없도록 보다 싱싱하고 건강한 지구의 내일을 위하여 시인의 걱정처럼 획기적인 방책을 서둘러야 할 때다.

    나무는 생각으로
    가지를 뻗는다

    바람 불면 흔들리는 생각들

    생각 위로 눈이 쌓이면
    아래로
    휘어지는 겸손

    생각은
    허공에서 얻은 깨달음을
    뿌리로
    내려보낸다

    말랑말랑한 생각으로 나무는
    겨울에
    더 단단하게 자라고

    생각의 뿌리는 더 깊어지다

    깊어진 나무는 시인의 마음

    차가운 달빛에도
    시를 낳는다

세상적인 것들을 다 놓아버린 겨울나무

미움 한 줌 없는 하얀
생각으로 흔들린다

욕심으로 무성했던
오뉴월의 눈으로는 보지 못했던 그늘을
빗살 같은 겨울의 햇살로 읽는다

계곡물 같이
맑은 시어가
봄빛처럼 올라오면
.
아침 이슬이
이제 막 태어난 시처럼
빛나고 있다

겨울나무 앞에서 나는
비로소 시인이다

- 「나무 시인」

  나무는 생각만으로 가지를 뻗는다 했는데 이는 그 느낌 또한 생각만큼이나 자별하게 읽힌다. 생각처럼 뻗은 가지들이 바람 따라 흔들리고 그 위로 눈이 눈이 쌓이면 가지는 낭창하게 휘어서 이들을 가슴 가득 안아 들인다. 나무가 인간 세상에 가르친 '겸손'이 바로 그 같다는 의

미인 것이다.

  겸손을 통해 바라보는 나무의 모습이 얼마나 아름다운가는 나무가 '생각'을 바꾸어 "허공에서 받은 깨달음을/뿌리로/내려 보낸다"고 한 대목에서 확인된다. 나이테가 나무 나이를 새긴 무늬인 것은 누구나 아는 일. 잎을 모두 떨어뜨린 겨울이 되어서도 나무는 "말랑말랑한 생각으로" 더더욱 단단해진다고 하였다. 사물의 현상을 여기까지 끌어내는 정순영 시인의 생각이나 관찰이 예사롭지가 않다는 것이다. 필자는 그의 시적 순발력과 재치, 그가 은유한 시적 교훈 등을 독서하면서 그의 언어적 새로움과 다양성이 어느 만큼에 왔는가를 새삼 느끼게 한다. 앞에서도 언급했지만 시는 운율에 담아낸 사물과의 관계에서 이전에 보지 못한 것을 발견하여 발언하는 일이라고.

  시인의 시적 발언을 언어로 보여줄 때 독자들은 때로 생뚱하다고 할 수도 있겠지만 시간이 가면서 자연스럽게 어우러지는 것 또한 목격하게 된다. 왕왕이 보는 일이지만 시의 작법에서 빈도가 많은 '은유'가 반복 사용되면 이는 필연적으로 '상징'이 되는 것은 상식이다. 여기에서 이를 설명하는 것은 적절치 않으므로 줄이지만 은유와 상징은 서로가 이웃한 테크닉이고 이것들이 시작품의 신축을 돕는 피돌기 같은 조건들이라는 데는 이의 또한 없을 것이다. 이제 나무는 시인과의 일체의 자리에 들고 더 깊이 뻗은 뿌리로 더 깊어진 시인의 마음이 되고자 "차가운 달빛에도 시를 낳는다"고 하였다. 새롭고도 재미있는 상상이다.

  차가운 달빛에 달걀처럼 부화한 시작품은 어느 만큼의 영롱한 빛을 발한다고 할 것인가. 잎이 지고 벌거벗은 상태의 나무를 두고 시인은 '명예도 지위도 다 놓아 버'렸다고 하였는데 이는 "미움 한 줌 없는 하얀/생각으로 흔들리"면서 차갑기만 한 겨울의 한기를 묵묵히 견디며 또다시 봄을 기다린다는 것과 동일의미라 하겠다. 무성했던 여름날엔 자신의 '욕심'을 보지 못했으나 계절이 바뀌고 보다 원숙한 눈이 되어 그동안은 무심했던 '그늘'의 시간에 빗살 같은 겨울 햇살을 읽는다고 한 것처럼 깊어진 눈은 그러나 한결 겸손한 사랑의 눈으로 또다시 태어나고 있다. 과학이나 사회학에서는 죽었다 깨어나도 알아차릴 수 없는 이 같은 '인간학'을, 나무를 빌린 시인의 눈으로 발언한다는 것, 그것이 한편으로 문학인 것은 물론이다.

  '겨울나무' 앞에서 시인임을 선언하는 '나는' 계곡물처럼 맑은 시어가 봄빛처럼 따사롭게 올라오고 있음을 느끼고 있다. 아침이슬 방울방울이 세상을 반짝이듯 시가 빛나는 인간의 시간은 '비로소' 화자가 시인임을 선언하는 자리임과 동시적인 일이며 한가득 시의 나무를 안아보는 시간과 동일의미라고 하겠다.

    하얀 불티들이
    창문을 열자
    기다렸다는 듯이 달려온다

순식간에 내 가슴을 파고들더니 녹아내린다

너무 아픈 사랑이었을까

기다리던 햇살에 녹아버리는 눈사람처럼
손바닥에 남은
눈물 한 톨

그때는 사랑이 눈물인 줄 몰랐으므로

멀리서 오는 사랑을
꽃으로만
바라보았으므로

나는 아직 사랑이 아니다

하얀 불티들이
눈물로
흘러내린다
- 「나는 아직 사랑이 아니다」

「나는 아직 사랑이 아니다」라는 명제에는 어떤 이야기가 숨 쉬고 있을까. 작가는 어느 의미에서 돌출적이라 할 수도 있는 "나는 아직 사랑이 아니다"라는 말언 속에서 자신이 풀어내고자 한 궁금한 이야기를 이어가고 있다. 지금 이 시간에 "나는 아직 사랑이 아니다"라는 문장은 무언가를 유보적으로 표현한 부정적인 의미의 문장일 뿐이다.

 "찍히고 찍혀 움푹 파인 가슴", 아버지

 '하얀 불티'로 표현된 눈송이들이 창문을 열자 "기다렸다는 듯이 달려온다"는 표현은 일단은 무슨 이야긴가를 자연스럽게 풀어내려는 의도가 읽힌다. '내 가슴을 파고들'던 눈송이는 순식간에 녹아내리고 사랑이 아프면 저리 되는 것일까 싶게 "기다리던 햇살에 녹아버리는 눈사람처럼" 손바닥에는 '눈물 한 톨'만이 남겨지게 된다. 그 같은 눈물 한 톨을 놓고도 "그때는 사랑이 눈물인 줄 몰랐으므로"라고 한 화자는 작품을 이어가면서 자연스럽게 "멀리서 오는 사랑을/꽃으로만/바라보았으므로"에 이르면 어찌하여 시인이 자신을 두고 아직 사랑이 아니었다고 말했을까가 선명하게 읽힌다.

 다시금 제자리로 돌아와서 우리는 "눈물로/흘러내린" 하얀 불티들을 '사랑'으로 읽어야 할 지점임을 알 수 있다고 하였다. 사랑의 아픔을 겪어본 독자들은 바로 이 대목에서 가슴 아련하게 적셔오는 무언가를 느낄 것이다. 통상 멀리 보이는 사랑은 꽃처럼 아름답게만 보이는 법이다. 그러나 사랑을 가깝게 겪어본 이라면 그것이 눈물을 벗어나서는 씨앗 한 톨만큼에도 미치지 못하는 허탈한 것임을 인식할 것이다. 그럼에도 화자는 사랑의 눈물이 씨앗 한 톨만도 못하는 것임을 인정할 수 없다고 강조한다. '너무 아픈 사랑은 사랑이 아니라'는 어느 시인의 시구와 맞물리면서 지독한 긍정이면서 반어법에 나아간 "나는 아직 사랑이 아니다"라는 선언에 동화의 시간은 찾아오고야 만다.

> 빽빽한 도끼 자국이 삶의 내력이다
>
> 한 사람이 마당 외진 구석에 앉아 있다
>
> 비가 내리면
> 비에 젖고
> 눈이 내리면 눈 맞으며
> 떠나지도 못하고 피하지도 못하고
> 자리를 지키고 있다
>
> 두렵고 무섭고 뼈가 으스러져도 살아내야지요, 자식들 있는데 가긴 어디를 가남요.
>
> 깊은 주름이 눈물겨운 아버지
>
> 찍히고 찍혀 움푹 파인 가슴이
>
> 울 아버지 내력이다
> ― 「모탕 아버지」

"빽빽한 도끼 자국이" 가득한 '삶의 내력'에는 '모탕'이 그 장본인이다. '마당 외진 구석에 앉'은 '한 사람' 같은

'모탕'은 그대로가 아버지의 지난날을 고스란히 이야기하고 있다. 작품에서 말하는 '모탕'은 나무를 패거나 자를 때 받쳐놓은 나무토막을 의미하는 말이다. 그 같은 존재가 모탕이니 "비가 내리면/비에 젖고/눈이 내리면 눈 맞으며" 붙박이처럼 자신의 자리를 "떠나지도 못하고 피하지도 못하고/자리를 지키"는 오직 한 사람을 말할 때 그가 바로 아버지가 아니면 누구이겠는가.

'모탕'은 정말 떠나지도 피하지도 못 하는 오직 한 사람, 아버지를 끔찍이도 닮았다고 하겠다. 그래서 그 자리가 그 자리인데도 그저 빽빽한 도끼자국을 확인할 뿐이니 아버지가 살아온 내력이야 더 말해서 무얼 하겠는가. 보조관념인 '모탕'에서 원관념 '모탕'인 아버지로 돌아오자. 사연이야 소상하지는 않지만 "두렵고 무섭고 뼈가 으스러져도 살아내야지요,"라는 화자의 발언에는 그에 따른 내력 또한 존재할 것 같다. 요즘 '아버지'에 대한 얘기들이 제법 광범위하게 돌아다니는 것을 볼 수 있다. 그동안 이리 채이고 저리 채이고 그러다 보니 우리 시대에 '아버지'는 설 자리도 앉을 자리도 소유할 수 없는 가련한 한 사람의 만신창이일 뿐이다.

오죽하면 자식이 제대로 성공하려면 어머니의 정보력에다 할아버지의 자금력과 아버지의 무관심이라고 공공연히 말하고들 있을까. 몸 기댈 곳이 없어 뒷모습만 바라봐도 눈시울이 뜨거워지는 그 같은 존재가 아버지라면 이 시대에 아버지는 과연 누구일까를 몇 번이고 반추하게 된다. 신화神話에서도 어머니와 연대한 자식들에게 아버지가 거세당하는 이야기는 얼마든지 만날 수 있다. 비근한 예로 그리스 신화에서 아들 크로노스가 어머니 신 가이아와 연대하여 아버지 우라노스를 거세시켜 축출하는 이야기가 대표적인 경우일 것이다.

작품은 더 이어져서 "자식들 있는데 가긴 어디를 가냠요"라 했을 때 아버지의 처지가 지금 거처를 정하지 못하고 방황 중이라는 사실을 읽을 수 있다. 아버지의 주름이야 하냥 깊어질 수밖에 없다는 것이 우리네에 처한 현실이지만 "깊은 주름이 눈물겨운 아버지"에 와서 더더욱 자명해진다. 마지막에 드러낸 "울 아버지의 내력"은 "찍히고 찍혀 움푹 파인 가슴이"라 했는데 그것이 바로 아버지의 가슴을 대변한다면 이보다 더 울컥한 표현이 또 있을까.

아들이기도 하고 동시에 아버지이기도 한 화자는 자신의 아버지와 동일시하여 더욱 감동적으로 작품을 끌어가고 있다. 자식에게는 한 사람의 아버지인 필자도 내 자신의 자화상인 것만 같아 그 직핍함에 가슴 뭉클하다.

> 너에게 달라붙는 파리와 먼지를 더는 두고 볼 수 없을 때
>
> 내 마음이 사막이 되었을 때
>
> 네 괴로운 표정이 가슴을 후빌 때

위도와 경도를 긋듯 가로와 세로로 그어 우산이 된다

파리와 먼지들이 달라붙어도 나는 침묵으로 자리를 고수한다

저녁이 오고

누군가가 우리의 사랑을 갈라놓을 때까지

우리는 함께 뜨거운 밥상이었다
- 「밥상보」

사실 밥상보의 목적은 밥상에 달라붙은 "파리와 먼지를 더는 두고 볼 수 없을 때", "내 마음이 사막이 되었을 때", "네 괴로운 표정이 가슴을 후빌 때" 비로소 밥상보의 용도가 분명해진다. "위도와 경도를 긋듯 가로와 세로로 그어" 우산처럼 사용한다는 밥상보는 그래서 밥상에 날아든 해충이나 먼지 나부랭이를 막아주는 역할을 한다.

따뜻한 밥을 차려내는 '저녁이 오고'

우산을 펼쳐들면 내리는 비를 가려주듯 밥상보로 덮은 밥상은 파리와 먼지 따위가 덤벼들 수가 없다. 그런 일을 두고 "파리와 먼지들이 달라붙어도 나는 침묵으로 자리를 고수한다"고 했을 것이다. 다시금 따뜻한 밥을 차려내는 '저녁이 오고' 누구도 방해할 수 없는 끈끈한 사랑의 시간이 되면 "우리는 함께 뜨거운 밥상이었다"는 마무

리의 표현이 새삼 감격스런 마음을 치솟게 한다. 그런 때문일까. 모래처럼 접착력 없이 부스러지거나 흩어지기만 하는 현대인에게 제발 그러지들 말고 본래의 사랑을 회복하라는 각성 촉구의 메시지도 일부 읽을 수 있었다. 세태 반영의 현상이기도 하지만 심지어는 "결혼도 이혼하기 위해서 한다"는 자조적인 말마저 서슴지 않고 횡행하는 세상에서 가족애와 부부애가 오롯이 읽히는 작품이야말로 얼마나 따뜻하고 흐뭇하던가.

요즘은 사라져버린 밥상보가 공허해진 우리네 사랑의 빈자리를 이리 옹골차게 채웠다는 것은 이를 노래한 시인의 시정신과 그 능력을 새삼 되돌아보게 하는 일이 아닐 수 없다. 작품 읽기를 마친 자리에서 우리가 통상적으로 말하는 밥상보는 다음처럼 설명되고 있다. 여름용 밥상보는 통풍이 잘되도록 사지絲紙나 모시로 만들어서 거기에 꼭지를 붙여 밥상을 덮고 파리나 먼지 등을 막곤 했었다. 겨울용은 천으로 겹보를 만들었고 두터운 솜을 두어 보온에 유의하기도 했었다. 그리고 보자기 네 귀에 끈을 매달아 밥상을 옮길 때 편리를 도모한 것들도 있었다.

밥상보에는 한 쌍의 주발보(놋쇠로 만든 밥그릇을 덮는 보)가 딸려있기도 하였는데 이것은 부부용이며 청홍색으로 남녀를 구별했었다. 지금은 사라졌지만 밥상보에는 식지(밥상과 음식을 덮는데 사용한 기름종이)를 쓴 경우도 많았던 것이다. 그 같은 것들 모두가 밥상을 차린 우리네 어머니의 오롯한 사랑이 담긴 지난 시절의 유물임은 두말할 필요가 없겠다. 이나 저나 밥상보는 바로 식구들을 염려 가운데서 건사하는 어머니의 마음인 때문이다.

여섯 시간 만에 고향 마을에 도착했다

사백 년 당산나무가 휘어진 등허리에 푸른 이끼 업고 있다

반가워 손을 얹으니

애들아, 밥 먹어라! 하시던 어머니 목소리

별은 높아 총총하고
항아리 물 넘치듯 달빛은 흐르는데
돌담 밑 귀뚜라미 구성진 가락 그대로인데

벌판의 메뚜기, 개천의 송사리, 뒷집 아기 울음소리

모두 어디로 갔을까

평상에 둘러앉아
다슬기, 송편 먹고 누워
하늘의 별 따먹던 기억이 화석처럼 단단한데

어머니 안 계시는 추석, 고향은 공허로 낯설다

당산나무 아래에 서서
달빛에

울음 묻는다
　　　　　　　　　　　　　　　　　－「부재」

　어느 마을이든 그 마을의 어구에는 수문장처럼 으레 마을을 지키는 당산나무가 버티고 있다. 길 잃은 사람도 당산나무 불빛을 보고 제 집 찾아들고 마을의 대소사도 당산나무께에 가서 고하기도 했었다. 대개의 당산나무는 그 마을이 터를 잡을 때 이를 기념하면서 식재한 경우가 많았었다. 그래서 당산나무의 나이가 고스란히 그 마을의 역사인 경우가 많았었다.

　그런 의미에서 어느 마을이든 당산나무보다 큰 어른은 없었고 당산나무는 여름이면 '부채'를 들고 하늘거리는 마음씨 좋은 신선처럼 온마을에 시원한 바람을 보내주었고 겨울이면 갖가지 놀이의 거점지역이 되기도 하였었다. 이쯤이니 마을 전체의 부모나 보호자쯤 되는 존재가 바로 당산나무인 것은 물론이다. 작품에서도 "사백년 당산나무가 휘어진 등허리에 푸른 이끼를 업고" 있는데, 찾아가 반갑다 손을 얹으니 "밥 차렸으니 어서 와서 밥 먹어라"던 어머니의 목소리가 들리는 것 같았다는 것이다.

　이를 추억이라도 하듯 '여섯 시간 만'에 고향마을에 도착한 시인은 밤이 되어 하늘을 보며 "별은 높이 총총하고/항아리 물 넘치듯 달빛은 흐르는데", 아니 "돌담 밑 귀뚜라미 구성진 가락 그대로인데" 반기는 사람은 어디에도 보이지 않는 허허함을 숨김없이 토로하고 있다. 그

뿐인가. "벌판의 메뚜기, 개천의 송사리, 뒷집 아기 울음소리" 그것들 "모두 어디로 갔을까"를 읽으면서 박완서 작가의 작품 「그 많던 싱아는 누가 다 먹었을까」가 생각났었다.

여기도 저기도 왁자지껄 들려야 할 마을 사람들의 말소리는 이제는 어디서도 들을 수 없으니 이보다 큰 적막과 '부재'가 어디 있겠는가. 밤이 이슥토록 "평상에 둘러앉아/다슬기, 송편 먹고 누워/하늘의 별따기 하던 기억이" 이리도 총총한데 이제는 어머니마저 안 계시는 고향은 공허하고 낯설다 못해 쓸쓸하기만 했으리라. 다시금 당산나무께로 간 화자가 달빛 받아가며 울음을 우는 것으로 고향이야기는 대단원에 들지만 정말이지 이만한 '부재'가 이 세상 어디에 또 있겠는가 싶게 바꿔버린 것이다.

고향에 와서 '부재의 쓸쓸함'을 담아낸 이 작품에서 우리는 고향 가기가 천국가기보다 어렵다던 어느 작가의 말을 떠올리게 된다. 내가 나고 자라면서 어머니와 살았던 곳, 어머니가 현재 거주하고 계신 곳, 어린 시절의 추억들이 이 갈피 저 갈피 손잡아 반기는 곳…. 그럼에도 정작 반갑다고 안부 물을 사람은 어디에도 만날 수가 없다.

물방울 외계인이 안을 바라보다
겨울이면 팽이치고 새끼 꼬다 참새 잡고 여름이면 수박서리하거나 앞 냇가에 나가 해가 설핏할 때까지 먹을 감다가 부랴부랴 꼴망태를 채워 귀가하던 그 시절의 추억이라니! 여섯 시간을 달려서 도착한 화자의 고향은 이제는 반갑다 손잡을 그 누구도 없는 죽음 같은 '부재'만이 덩그렇게 만져질 뿐이다

    비 온 뒤,

    이 지상에 존재하지 않을
    맑은 눈망울로
    유리창에 붙은 외계인이 안을 바라보다가
    나와 눈과 마주친다

    너는 나에게 외계인
    나는 너에게 외계인
    너와 나는 우주의 시간을 건너 만나고 있는 것이다

    너는 해를 만나면
    날개가 돋아 네 고향으로 돌아가겠지, 생각하는데

    눈물로 흐르는 너

    나도 너저럼 흘러
    초원도 되고 하늘도 되리

    날개를 펴고
    창공을 날아오르리

- 「빗방울 외계인」

　「빗방울 외계인」은 제목부터가 흥미를 동한다. 도대체 무엇을 말하려고 이 같은 제목이 필요했을까. 그리 보면 이 작품은 일단 제목에서부터 독자의 눈길을 사로잡는데 성공하고 있다. 지난날에 영화 「ET」를 보면서 이티의 눈동자를 물방울처럼 형상한 작가의 상상력이 궁금했었다. 여기서도 '비 온 뒤'라는 상황설정이 우선하고 화자는 창유리를 타고 내리는 물방울 외계인이 창유리를 통하여 안을 내다보고 있다고 생각한다.

　재미있는 발견이고 "나와 눈과 마주친" 빗방울이 그 다음을 궁금하게 한다. 둘의 상면 이후 "너는 나에게 외계인/나는 너에게 외계인", 서로는 역지사지의 처지에서 한없이 궁금하기만 하다. 둘은 '우주'라는 시간과 공간을 공유하면서 이리 한자리 참이 되었으니까. 이제 둘이는 서로를 나누어야 할 차례. 멀리 떨어졌다가 이리 가깝게 다시 만났으니 무엇부터 나누어야 할까를 생각하게 된다.

　'너는 해를 만나면/날개가 돋아' 어딘지 모를 '네 고향으로 돌아가겠지, 하였는데' '나도 너처럼 흘러' "초원도 되고 하늘도 되"겠다는 생각에다 "날개를 펴고/창공을 날으리"에서 서로의 교환관계로 작품은 마무리를 마련한다. 단순한 이야기라 생각하면 이 작품이 담아낸 이야기는 유리창에 붙은 외계인의 눈동자를 닮은 '물방울', 아니 더 정확히는 '빗방울'에게 외계인 내가 상대의 입장이 되어 해를 만나면 날개가 돋아 고향으로 돌아갈 것이라는 '생각'을 말하고 그 뒤에 흘리는 눈물로 초원도 이루고 하늘도 올리는 '외계인'의 처지도 되어 상대의 역지사지를 노래하고 있다.

그리하여 '날개를 펴고/창공을 날'겠다는 소망감을 나누는 것으로 작품은 접히지만 이를 늘어세우면 살을 붙일 더 많은 이야기와 우주적 여러 사실들을 확대할 수 있는 작품이 「빗방울 외계인」은 아니었을까.

> 바위 속으로 들어간다
>
> 나뭇잎으로 아래를 가린 해맑은 얼굴들이 살았던 태고의 어느 시간
>
> 나도 활 하나 메고 고라니 사냥에 나선다
>
> '푸른 비'로 불리는 족장이 먹을 만큼만 잡으라고 명령한다
>
> 스물 남짓의 가족이 둥근 움집에 앉아 잡아 온 고라니 고기를 나눠 먹는다
>
> 입가에 걸린 초승달이 빛나고
>
> 소나기처럼 쏟아지는 별빛 사이로 풀벌레 소리 스며든다
>
> 꿈에 '푸른비' 족장의 혼령이 바위에 오른다

수천 년의 시간이 낙엽 되어 발밑으로 구르고

선조들이 묻힌 바위는

'푸른 비' 족속을 지켜 온 수호신

당신의 후손인 나는

멀리서 달려오는 초원의 바람 소리를 듣는다

바위가 깨어난다
─「푸른비 족장의 고인돌」

　창세기에서 읽은 아담과 이브의 이야기가 생각나고 돌도끼로 찍고 돌화살을 던져 사냥하던 석기시대 사람들도 상상되고 이래저래 "해맑은 얼굴들이 살았던 태고의 어느 시간"은 저 먼 곳의 시간이라기보다는 선뜻 "나도 활 하나 메고 고라니 사냥에 나"서기만 하면 그들과 한패로 어울릴 것 같은 현실 속의 상상의 시간이 실감 나게 읽히는 작품이다.

　제목에 보이는 '푸른 비'는 작품에 등장하는 '족장'의 이름이다. 그리고 족장은 명령하기를 먹을 만큼만 잡으라고 했던 터로 '잡아온 고라니 고기를' '둥근 움집에 둘러앉아' '스물 남짓 가족이' 나눠먹는 모습은 어느 그림에선가 봤음직한 낯익은 광경이다. "입가에 걸린 초승달이 빛나고" 소나기처럼 쏟아지는 별빛 사이로 풀벌레 소리 스며드는 시간은 드넓은 초원이 아니면 상상할 수도 없는 대자연의 시간이 분명하다. 이 시간을 고대에서 현대로 옮겨오고 "'푸른 비' 족장의 혼령이 바위에 오"르는 시간은 바로 꿈을 빌린 현실의 시간에 도달하여 있다.

그리하여 "낙엽 되어 발밑으로 구르"는 '수 천 년의 시간'은 선조들이 묻힌 바위가 "'푸른 비' 족속을 지켜 온 수호신"의 시간으로 이어진다. 그리고 "푸른 비 족장의 후손인 나는" 회한에 젖듯 "멀리서 달려오는 초원의 바람 소리를 듣"고 있었고 이윽고 푸른 비 족장의 수호신인 바위마저 깨어나는 시간이다.

푸른 비 족장과 태고의 어느 시간

그렇잖아도 '고인돌'을 두고 무덤이냐 아니냐의 논란이 여전한 시점에서 수천 년의 시간을 한 줄로 늘여 세운 푸른 비 족장의 이야기는 그 주변에 어우러진 인류사를 통시적으로 노래했다는 점에서 이 작품이 갖는 무게가 헤아려진다. 영산강 문화권인 '마한'까지를 거슬러 가면 고조선의 유적인 고인돌이 고스란히 마한으로 전승되고 그곳에서 동디온 공간과 시간은 그 자체로 몇 천 년 전의 이야기란 점에서 아득하면서도 가깝게만 느껴진다. 푸른 비 족장과 고인돌의 시간은 보다 해맑은 얼굴로 살았던 태고의 어느 시간은 아니었을까 싶고 다시금 하나의 핏줄로 관류하는 시적 역사를 지금 우리가 마주하고 있다.

개다리소반 위

상추 한 줌과
된장 한 종기,
잡곡밥 한 공기

소식하세요
아내가 둥글게 웃는다

어머니는 많이 먹어라, 둥글게 웃으셨는데…

소반 앞에서
둥근 숟가락을 들지 못하고

눈물만 한 공기

         -「둥근 식사」

 필자가 그림 작업을 하면서 '둥근 숲'이란 제목의 작품을 제작한 일이 있다. 그걸 생각하면서 정순영 시인의「둥근 식사」란 제목이 눈에 들어 새삼 흥미를 갖고 다가가게 되었다. 그 어느 작품인들 작품이 태어나려면 그 작품이 태어날 수밖에 없는 저마다의 필연성이 있겠지만 '식사'에 붙인 '둥근'이란 수식어는 의외의 마음을 먹기에 충분했다. 사실 식사에다 '둥근'이란 접두어가 필요했다면 그간에 오르내린 '두레'의 의미 또한 '둥근'으로 표현할 수 있을 것이다.

그리 보면 '둥근 식사'는 '두레 식사'라 하여도 하등의 차이가 없을 것이다. '개다리소반'이 휘어진 개의 다리이면서 둥근 모양의 상床이고 보면 이것저것 차려낸 소박한 '막치 소반'은 마음이 넉넉한 사람에게도 때로 어울리는 상일 수 있었겠다. 이를테면 이들 제목에서 읽은 「둥근 식사」의 의미는 둥근 개다리소반 위에 차려낸 정갈한 식사라는 의미도 되었겠다. 그럼에도 둥근 모양을 한 개다리소반은 그 넓이가 둥글면서도 조브장한지라 여러 반찬을 한꺼번에 올릴 수는 없었을 터. 그래서 "상추 한 줌과/된장 한 종기,/잡곡밥 한 공기" 그것이 전부라 하고는 밥상 앞에서 둥글게 웃으며 아내가 이르는 말, "소식하세요"였다.

그 말 뒤에 따라 나온 말, "어머니는 많이 먹어라, 둥글게 웃으셨는데…" 이나저나 여전히 여운이 길다. 아내의 말과 어머니의 말에는 그 근본에서는 차이 난 말이 아니다. 어머니가 많이 먹으라는 말에는 그래야 힘이 세고 튼튼하게 자랄 수 있다는 성장기에 들을 수 있는 말이 되겠고 아내의 '소식하세요'는 어른이 되어서의 건강문제는 영양과잉에서 일어난 것이니 그에 맞게 드시라는 권유의 의미가 담겨있다. '둥근'의 의미는 일차적으로는 모나지 않고 원만하다의 의미가 되겠지만 원圓이나 공과 그 모양이 같거나 비슷하다면 그 이면의 의미는 부족함이 없다는 의미로 읽어야 하리라,

'둥근'이란 말은 이도 저도 두루 해당되는 원만하고 좋다는 의미의 말인 때문이다. 불편하지 않다 넉넉하다 등의 의미로 이해해도 별반 차이가 나지는 않을 이 말에서 새삼 떠올린 어머니에의 생각은 그것이 어떠한 것이든 그리움 가득한 일이고 눈물을 부르는 일 또한 많았던 것이다.

    나는 그 자리에 서 있었다

    역전 시계탑은
    상하로 두 팔을 뻗고
    서녘 하늘 귓불이 붉게 젖는다

    기차표를 손에 쥔 그녀가 어깨를 들썩인다

    속눈썹이 흥건한 그녀
    삼일장 지낸 듯
    하얀 핀 머리에 꽂은 그녀

    지난겨울 고향을 떠났던,
    집에서는
    공주라고 불렸던 그녀

    플랫폼에 서 있던 그녀를 싣고
    기차는
    서울로 달려간다

하늘은 보랏빛
아스라이 멍울지고

소슬한 갈바람, 은행나무가 서걱댄다

나는 그 자리에 서 있었다
ㅡ「공주역 전봇대」

'그 자리에 서 있'던 '나'는 "소슬한 갈바람, 은행나무가 서걱"대는 「공주역 전봇대」의 또 다른 이름으로 읽을 수 있었다. 바로 그 자리에 '나'가 서있었던 것이고 그때가 '역전 시계탑'이 "서녘 하늘 귓불이 붉게 젖"어 상하로 두 팔을 뻗고 있을 무렵이었다. 요컨대 해질 무렵은 붉게 타오르는 서녘 하늘이 노을로 떠서 "귓불이 붉게 젖는"다는 것이고 이 같은 표현에 이르자면 주변의 정조情操는 더없이 애틋한 마음으로 번져서 온다. 기차표를 손에 쥐고 어깨를 들썩이는 '그녀'는 '하얀 핀 머리에 꽂'고 '삼일장을 지낸 듯' 속눈썹이 흥건하다고 했다.

누구인지는 알 수 없지만 상을 치른 지 얼마 되지 않은 '그녀'가 애처롭다는 느낌에는 두루 동의할 것이다. 그녀는 지난겨울만 헤도 '고향을 띠났던/집에서는' '공주'라고 불렸던 터였고 그래서 그녀'를 두고 전봇대라 명명한 것도 예삿일은 아니겠다.

전봇대처럼 어깨를 들썩이며 서 있던 그녀

이 작품에서 '전봇대'의 이미지는 '플랫폼에 서 있던' '그녀'에서 한 번, 소슬한 가을바람에 서걱대던 은행나무의 '나'가 두 번, 반복적으로 이리 읽을 수 있었다. 그 시간에 하늘은 보랏빛으로 물들어 있었고 아스라이 멍울지는 어스름 위에 왠지 모를 우수가 슬픔처럼 깔리는 것을 볼 수 있다. 위의 작품은 "나는 그 자리에 서 있었다"를 수미쌍괄로 처리하고 그 안에 삼일장을 지낸 듯한 '그녀'가 머리에 핀을 꽂고 속눈썹이 홍건한 상태로 플랫폼에 서 있었다면 그녀는 작품에서 말하는 전봇대가 틀림없겠다.

그리고 지난겨울 집을 떠나기 전까지 '공주'라고 불릴 만큼 애지중지한 그녀였는데 그 이후는 사연 많은 시간을 보내면서 서녘하늘 귓불이 붉게 젖을 무렵에야 아직도 슬픔이 가시지 않는 듯 플랫폼에 어깨를 들썩이며 전봇대처럼 서 있다가 서울행 기차를 타고 떠나가는 처연한 모습으로 독자에게 가득 읽히고 있다.

> 파도는 제 몸 부수는 일로 부활을 얻는다
>
> 바위에 발톱을 부딪쳐 새 발톱을 얻는 독수리처럼
>
> 파도는 비장한 품새로 부서진다
>
> 힘껏 달려와, 전사처럼 장렬하게 부서진다

당신 앞에서 내 사랑도 부서진다

부서진 나는 푸른 새싹으로 돋아날 것이다

사랑이 약해지고 노쇠해질 때마다

나는 나를 부스러뜨려 새로이 사랑을 짓는다
- 「부서지는 일」

 부서지는 현상을 놓고 심미적 언어의 상대적 관계를 헤아리는 일은 시를 창작하는 자리에는 흔히 접할 수 있는 일이기도 하다. 작품의 제목이 「부서지는 일」이라면 그 일이 어찌하여 자행된 일인가를 살필 필요가 있다. 행동의 주체는 우선 '파도'인 것을 알 수가 있고 이에서 파생된 또 다른 주체로 '당신 앞의 나'가 등장한다.

 그리고는 "사랑이 약해지고 노쇠해질 때마다/나는 나를 부수려 뜨려 새로이 사랑을 짓는다"고 하였다. 그러니까 작품의 앞부분에서 제 몸 부수는 일로 '부활을 얻는' 파도나 '나를 부스러뜨려 새로이 사랑을 짓는' '나'는 동일시의 사물로 읽어도 무방할 것 같다. 요컨대 '나'의 존재적 의미를 선명하게 표현하려는 화자의 시적 의도가 파도를 불러들였고 "바위에 발톱을 부딪쳐 새 발톱을 얻는 독수리처럼" 파도는 "힘껏 달려와, 전사처럼 장렬하게 부서진다"고 했다. 그리고는 비장한 품새로 부서지는 파도를 두고 발톱을 부딪쳐서 새 발톱을 얻는 독수리를 소환한 것이다.

마찬가지로 "푸른 새싹으로 돋아날 것"을 믿는 자리에 '당신'이 있고 '내 사랑이 부서'지고 있었다는 말 또한 이들과 차이 난 말이 아니다. 이리되면 부서지는 것에는 부활에의 믿음이 밑 받쳐져 있고 그래서 파도는 힘껏 달려와서 마음 놓고 부서질 수 있었다는 얘기가 된다. 이렇듯 새로 태어나 어우러지는 것들의 자리에는 그만한 아픔이 늘 함께 한다는 것이 전제되어 있다. 갑각강甲殼綱이 성장하는 데도 그에 못지않는 아픔이 함께 한다는 것은 상식이다. 성장을 위해 그 딱딱한 등껍데기를 갈아 끼우는 일이 어찌 평탄하게 이루어지는 용이함이겠는가. 맹금류인 독수리가 바위에 발톱을 부딪쳐서 새 발톱을 얻듯이 사자 또한 새끼를 절벽에 떨어뜨려 살아서 넘어오는 놈만 받아준다는 얘기도 이에서 벗어난 것이 아니다.

새로이 사랑을 짓기 위해 약해지고 노쇠해진 사랑을 부숴버리는 행위는 그래서 푸른 수목으로 키우기 위해 새싹의 열렬한 생기를 얻는 일에 비견할 만하다고 하겠다. 그런 의미에서 새로운 사랑을 위해 나를 부수는 행위는 나를 향해 '새로이 사랑을 짓'고 온전히 상대를 받아내는 일로 읽어도 좋을 것이다.

"눈물의 냄새"와 "꽃 피는 소리"

사물과 사물 간의 시적 관계는 언어적 색채나 표정을 심미적으로 어찌 바꾸어 표현하느냐에서 비롯된다. 그리

보면 사물 간에 자행된 언어적 통섭 또한 화자의 시적 의미를 살피는 거의 유일한 시선이거나 통로라고 할 수 있다. 그리고 시인이 펼친 시적 의도 역시 통섭에서 비롯된 언어적 에너지나 길이를 최소화시켜 그에 맞는 형식에 담아내는 일이라는 의미이다. 이를테면 '눈물의 냄새'를 맡고 '꽃 피는 소리'를 듣는 정순영 시인의 표현에서 보듯 이만한 시의 아름다움을 조타하자면 그가 구사한 그만의 시적 비밀 또한 필요하지 않겠는가.

시 창작 상에서 자주 마주치는 사물에 대한 시적 공감 영역은 항시 돈오頓悟적인 것만은 아니다. 어떨 때는 사물 그대로의 현상 안에서 시적 의문이나 표현을 이야기의 형식으로 바꾸거나 이끌면서 분외의 공감을 도출하기도 한다. 오늘 우리가 독서한 정순영 시인은 사물을 있는 그대로 드러내면서 시적 의문을 하나하나 이야기의 형식으로 흐름을 만들었고 시적 대상과의 내재된 의도에 맞춰 그려내고 있다. 이럴 때 필요한 것은 사물간의 통섭인데 이는 서로 다른 사물을 하나로 묶어 새로운 세계를 그리거나 찾아내는 일이라 하겠다. 시에서 말하는 이야기는 그런 의미에서 주제를 중심으로 이어지는 언어적 흐름이고 시간과 공간의 이동과 반복을 통해 존재의 연대적 의미를 완결의 형식으로 보여주는 일이다. 여기서시 흩이진 사물들을 이야기의 의미망에 끌어들여 시인의 상상 안에 한 편의 시로 형상하는 일은 그래서 농부가 감당한 농사만큼이나 힘든 또 다른 형태의 노역으로 이해할 법도 하다. 그런데도 정순영 시인은 그 같은 일로 1일 1작을 의도하면서 자신이 목표한 시적 성과를 차근차근 좁혀갔던 것이다.

이리 보면 정순영 시인에게 그가 시인으로 출발한 때의 '고래희'라는 말은 "늦은 것이 빠른 것"이라는 말로 바꾸어 생각할 수도 있겠고 그의 시가 보인 보다 깊은 숙성과 발전에 합당한 그러면서도 필연의 과정의 하나라고 해야 할지도 모르겠다. 그 같이 본다면 정순영 시인이 펼친 이번의 시집은 첫사랑에 비견되는 자리인데도 그의 시적 표정과 언어가 이후의 더 많은 성과를 위한 여러 징후들을 너끈히 지시한다고 하겠다. 그만큼 정순영 시인의 시적 가능성과 완성도기 눈여겨진다는 점에서 아낌없는 격려를 드리는 것이다.

하늘이 달려 나와 만국기를 휘날렸다면 그 계절은 영낙없는 가을이다. 일출부터 해가 질 때까지 땅바닥에 주저앉아 목이 터져라 응원했다면 그것 또한 가을이다. 요새는 많이도 줄어들었지만 대운동회가 열리는 가을날은 우리네 유년이 만국기처럼 펄럭이는 참 아름다운 계절의 광경이었다. 여기저기에서 알밤 쏟아지듯 시가 달려 나올 것 같은 계절에 만국기가 팔랑거리듯 독자가 만나서 읽고 싶은 정순영 시인의 작품적 성과는 정순영 시인 자신에게도 더 이상의 보람과 기쁨은 없을 것이다. 이 시집이 이 땅의 많은 독자에게 사랑받기를 기원하는 마음으로 「마당으로 스며드신 아버지」를 시집 평설의 마무리에 올

리면서 더더욱 울울창창할 정순영 시인의 이후의 시업詩
業을 응원하는 바이다.

> 머루알 같은
> 아버지의 땀방울로
> 굵은 감이 익어간다
>
> 마당에 샛별 들어서면
> 복 들어왔다 하시며
> 삽자루 들고 나가시던 아버지
>
> 아버지가 감으로 스며드셨다
>
> 평상에 누워
> 감을 바라보면
>
> 송사리 잡으시던
> 아버지가
> 도랑도랑 흘러가신다
>
> 시조를 읊으시던 어버지처럼
> 달빛 서린 장에 앉아 감을 바라본다
>
> 이젠 내가
> 허리 굽은 아버지로
> 익어간다

주름이 늘어선 손바닥을 펼쳐보니
아버지가
강으로
흘러가신다
                      -「마당으로 스며드신 아버지」